親が変われば、子どもが変わる

アスリートの
親に学ぶ
「子どもを伸ばす
スゴイ言葉」

Only answer for
raising children is
Right affection.

スポーツメンタルコーチ 鈴木颯人 Suzuki Hayato

はじめに――親を見れば、子どもがわかる

先日、ある中学校で全校生徒７００人を前にお話しさせていただく機会がありました。

その講演会後、校長先生がこんな話をしてくれました。

「だいたい親御さんを見れば、子どもがどう育つかわかるんですよね」

その言葉に私は思わず納得しました。

会ってきた子どもや親御さんの数では校長先生にとうてい敵《かな》いません。それでも、私の感覚と、教育現場で長年培ってきた経験をお持ちの校長先生の見解が同じであったことを嬉しく思いました。

英語にはこんなことわざがあります。

「Chip off the old block」

直訳すると「古い木または石の塊からとれた、一片のかけら」という意味です。chip は「子」、the old block は「親」を意味し、子どもとは親のかけらであり、まさに親の生き写しのような存在だということです。

1年は8760時間です。このうち睡眠時間はだいたい2500時間前後で、学校ですごす時間も2500時間程度だとすると、残りは3760時間。特に成長していく時期はもっとも多くの時間を子どもは親とすごすことになります。

日本には「三つ子の魂百まで」という言葉があり、幼少期の性格は大人になっても変わらないとされます。

言うまでもなく、子育てにおいて親の存在は非常に重要な意味を持ちます。

その点からも、親を見れば、子どもがどのように育つか、そしてどんな悩みを抱えているか、うっすらと見えてくるものなのです。

以前、私は、有名アスリートの言葉から逆境の乗り越え方を考察した著書『弱いメンタルに劇的に効くアスリートの言葉』の執筆のため、アスリートが著者となった書籍を収集しました。アスリートが書いた書籍は数え切れないほど出版されていて、200冊以上を購入し、参考にさせていただきました。

これに対し、調べてみてわかったのですが、その親御さんが書いた本はわずか30冊ほどと本当に少ないのです。

だからこそ、アスリートの親ならではの経験や言葉は非常に貴重なものです。

今回、私はできる限りすべてのアスリートの親が書いた本を入手し、読みました。なかには科学的に考えると疑問符がつくような事例もありました。しかし、親御さんの言葉を読んでみると、不思議な説得力を持つこともまた確かなのです。

何冊も読んでいるうちに、科学を超越するくらいの力が親の言葉にあるのかもしれない、そう思うようになりました。

これは有名アスリートだけに限った話ではありません。本書を手にする親御さんにも同じことが言えます。**親御さんの言葉には、子どもの人生を決定づけるようなパワーが備わっている**のです。

私自身がスポーツメンタルをフィールドに活動しているため、本書に登場するのはアスリートの実例が多くなりますが、競技に打ち込む子どもを持つ親御さんはもちろん、それ以外の方にも幅広くお読みいただける内容になっています。

また、各章の章末には「ワーク」を用意しました。さまざまな角度から、読者のみなさんへの問いかけとそれへの解説を示しています。こちらにもぜひ気軽な気持ちで取り組んでみていただければと思います。

今回、有名アスリートの親の言葉を収集・研究し、そこに年間でのべ1000人以上のアスリートやその親と接する私の経験則を重ね合わせた際、**「子どもを伸ばす」親にはある傾向が見えてきたのです。それは「3つの力」に集約されます。**

- **愛情を注ぐ力**
- **子どもを信じる力**
- **子どもと成長していく力**

これらがどんなものなのか、本書中で解説していきたいと思います。

では、この3つの力をひっくり返すとどうなるでしょう。

- 誤った愛情表現をする
- 子どもの可能性を否定する
- 自分のことは棚上げする

……もし、これらのうち、一つでも心当たりがあるようなら、ぜひ本書を参考に、これまでの子どもとの接し方を変えてみていただきたいと願います。

本書では、有名アスリートの親御さんの言葉をもとに、私がスポーツメンタルの現場で体験したこと、考えてきたことを交えながら、「子どもの伸ばし方」についてお伝えしていきます。

本書の中から、少しでも役に立つヒントを見つけていただければこれにまさる喜びはありません。

親が変われば、子どもが変わる

もくじ

はじめに——親を見れば、子どもがわかる

CHAPTER 1 子育ての不安を励ます言葉

なぜメンタルコーチになったのか？ 014
親子関係という奥深きテーマ 016
〝正しい答え〟はどこにある？ 020
すべての土台は信頼関係 025
ほんの少しだけ伝え方の工夫 028
「脅すコミュニケーション」と「諭すコミュニケーション」 030
子どもの自信を育てる方法 035
「やりたい！」からスタートしよう 041
能力を褒めるか、努力を褒めるか 046
「努力」を褒めることは難しい 053
必要以上に心配しない 057

CHAPTER 2 くじけそうな子どもに効く言葉

親があきらめてはいけない 068
失敗は成長のチャンス 073
「大丈夫！」はどのように使うのか？ 076
自分自身に問いかける 080
グリットの伸ばし方 084
過去の自分と現在の自分をくらべてみる 093
「自分は成長していない」を突破するために 100
失敗はすればするほどいい 103
損得抜きにバックアップする 107

CHAPTER 3 子どもが生まれ変わる言葉

思い込みのフタ――閉じ込められる選手たち 114
よい思い込み、悪い思い込み 120
「信じ切る」とはどういうことか？ 124

結果を残せなかったときの褒めポイント 131
「嬉しい！」「楽しい！」を原動力にしよう 134
人生を切り開く「自己決定感」 137
小さな変化を積み重ねる 142

CHAPTER 4 本当の「子どものため」とは何か？

「ふつうの子育て」ってなんだろう？ 150
子どもに言ってはいけない悲しい言葉 155
喜びは素直に表現していい 158
競争はだれとするべきなのか？ 164
イキイキした姿を子どもに見せていますか？ 168
家族がエネルギーを生み出すとき 178

おわりに——この世で一番大切なもの 185
出典一覧 189
おもな参考文献 191

ブックデザイン◎原田恵都子（ハラダ＋ハラダ）
装画◎原田リカズ（ハラダ＋ハラダ）
本文図版◎二神さやか
本文組版◎閏月社
著者写真◎安本彰

(Chapter 1)

子育ての不安を励ます言葉

なぜメンタルコーチになったのか？

私は個別コーチングやセミナーを通じて年間でのべ１０００人以上のアスリートにお会いしています。この仕事は２０１１年から始めているので、約１万人と接してきたことになります。

本書では、これまで積み重ねたアスリートの方々とのやりとりをベースに「子どもを伸ばす方法」を考えていきたいと思いますが、その前に一つお伝えしたいことがあります。

そもそも、なぜ私がメンタルコーチを志したのか、についてです。

私はイギリスで生まれ、日本で育ちました。父は日本人、母はフィリピン人、その間に生まれたハーフで、１歳のころにはすでに日本に移り住んでいます。

小学生のとき、私が夢中になった競技が野球でした。

今ではバスケットボールで日本人初となるドラフト１巡目指名でＮＢＡに進んだ

八村塁さんや、テニスで世界ランキング1位になった大坂なおみさんなどの活躍により、〝ハーフ〟であることは強みと捉えられるようになってきましたが、私がすごした1990年代は違いました。

当時の私は同級生から、母親がフィリピン人であることについて「フィリピンパブ」「フィリピンバナナ」などと揶揄《やゆ》されていました。小学校時代からそうした経験をしたこともあり、ずっとハーフであることを隠したいという気持ちを抱いていました。

そうした経験から、徐々に人とコミュニケーションをとることが苦手になっていきました。

それは大好きだった野球においても同様で、指導者とのコミュニケーションがうまくとれなかったのです。「こんなことを言って怒られないだろうか」とか「こんなことを言われるのは自分が嫌われているからではないか」などと気にして、言いたいことは口に出せず、言われたことですぐに傷ついたりしていたのです。

この経験はメンタルコーチとしての私の原点になっています。

コミュニケーションに悩み、苦しむアスリートを救いたい。この思いが私の活動

の源にもなっているのです。

親子関係という奥深きテーマ

コミュニケーションをテーマにメンタルコーチングをしていると、特に中学生から大学生くらいまでの若いアスリートの方々から必ずと言っていいほど話題に出されるテーマがあります。それが親子関係です。

コーチングを進める中で、「競技中によくない記録を出してしまうのがとても怖い」と相談してくれた、実業団に所属する陸上選手がいました。彼は競技で悪い成績を出すことを過度に恐れていました。

その原因をたどるため、話を進めていくと、テーマは彼と父親との関係性に行き着きました。

彼の父親は非常に怒りやすい人でした。それだけにとどまらず、幼少期から中学校まで、父親からの家庭内暴力が頻繁にあったそうです。それが原因で、彼が幼いころ、両親は離婚していました。

幼少期から父親に殴られ続けた経験から、彼自身は競技においても失敗すること に対して極端に不安になっていたのです。

私がコーチングをした時点では、彼は父親に暴力を振るわれているわけでも、競技について何か言われているわけでもありませんでした。

それでも、彼が競技において極端に失敗を恐れる心理のもとには父親との関係性があるのではないかと私は感じました。

トラウマ体験がある選手は、競技について直接怒られるわけではなくても、似たような場面に出くわして過去を思い出し、競技で失敗することを怖いと感じるようになりがちです。

これを心理学で「10：90反応」といいます。過去のトラウマと類似している要素が10％あるだけで、過去から残りの90％の記憶が引き出されるとされています。

彼の場合でいえば、競技に向かおうとする際、幼いころに些細な失敗で父親から受けた叱責《しっせき》や暴力が思い起こされ、恐怖心で頭がいっぱいになってしまうのです。

つまり、彼はもう何年も前の父親からの暴力に、今も脅かされているのです。

脳科学でも、ＰＴＳＤ（心的外傷ストレス障害）になると、前頭前野が機能せず、無気力になったり、感情的になったりすることがわかっています。

ここで、ある有名アスリートを育てたお母さんの言葉を紹介します。

> 叱ることは大事ですが、親の都合で怒ってはいけません。もし明日いなくなってしまったら、今日怒った事を絶対後悔すると思うのです。
>
> **内村周子**（内村航平の母）

オリンピック金メダリスト・内村航平さんの母・周子さんの言葉です。

これほどのアスリートを育てる際、親がどのようなことを考えているのか？

そこにはきっと、**結果を生み出すのにふさわしい信念がある**と私は思っています。

叱ることも大事。これはよく言われることだと思いますが、叱りすぎてしまったり、叱り方を間違えてしまうと、子どもにとって一生残る心の傷を作ってしまいます。前述した選手は顕著な事例です。

人の記憶は、感情が強く動かされたときのことをなかなか忘れません。

２０１１年3月11日に東日本大震災が起きました。当日、その時刻に何をしていたか、覚えている方はきっと多いと思います。

しかし、その前日にあたる3月10日の同じ時刻に何をしていたかを答えられる人はとても少ないでしょう。感情と記憶はそれくらい密接につながり合っています。

私はメンタルコーチとして選手と接する中で、親と子との関係で驚くような事例をいくつも耳にしています。

試合で負けたあとに家に帰ると、父親からの説教で深夜に3時間以上ずっと立たされている選手。両親がわが子の起用法について毎試合、指導者にクレームをつけ、それによりチーム内で居場所を失った選手。

こうした事例を知るにつけ、そういう親子関係を抱えてしまった彼ら、彼女らの気持ちはどのようなものかを想像し、胸が痛みます。

また、こうした経験がその子の競技者生活だけでなく、未来や人生にまで悪影響を与えることを強く危惧しています。

私はこういった選手をなんとかして救えないかと、日々メンタルコーチングを行なっています。

しかし、こうしたことが起こったあとで対処するのではなく、より根本的なところから、私にできることはないかという自問を続けていました。

その結果、親御さんに直接アプローチすることの大切さに思い至り、親向けのセミナー開催や、親向けのメルマガ配信などを行なうようになりました。

２０１８年からスタートした親向けセミナーではすでに１００人以上の親御さんにご参加いただき、今では学校のＰＴＡ活動の一環として学校に呼ばれたりもします。

そして、本書もそうした、親御さんに直接アプローチする活動の一つだと考えています。

“正しい答え”はどこにある？

親御さん向けセミナーを通じて、今度は親御さんからもまた切実な相談をいただくようになりました。

「子どもの結果を出すにはどうしたらいいですか？」

「うちの子を理解してくれない指導者で、試合に出してもらえないのですが」

「練習ではいいのに、なかなか試合では能力を発揮できません」などなど。

親御さんもわが子を思う気持ちがあるからこそ、「親として何かできることはないか？」という一心でセミナーに来てくれるのです。

わが子を伸ばすため、結果を引き出すために〝見えない正解〟を求めているのです。

ここで、本書をお読みいただいているみなさんにある質問があります。


「高く険しい山を登るために、あなたはまずどうしますか？」

多くの方の頭の中に浮かんだのは、「しっかりとしたトレーニングを行なう」や「万全な装備を準備する」といったものではないでしょうか。

じつはこの質問は、プロゴルファーを多数輩出してきた韓国の指導者から、あるとき私が唐突に受けたものでした。

少しだけ考えてから、私の出した答えはこうです。

「その山を登ったことがある人に山の登り方を聞くのではないでしょうか？」

私の答えを聞いて、その指導者は「なるほどね」と言って少し微笑みました。

私は彼から答えを聞きだそうとしたのですが、彼は笑ってはぐらかすだけで、この質問の真意を話してはくれませんでした。

しかし、この質問には私にとって多くの学びがありました。

そして、私も自分のコーチングの中で同じような質問を選手や指導者、親御さんにしてみるようになりました。当然さまざまな答えが返ってきます。

そういった回答を得る中である気づきが芽生えました。それはこの質問への答えの中に各人の「価値観」がにじみ出るということです。**何気ない問題の答えに、答えた人の価値観が見えてくる**のです。

この質問の「山登り」を「子育て」に置き換えてみましょう。

「最高の子育てをするために、あなたはまずどうしますか？」

あなたなら、この質問にいったいどのように答えるでしょうか？
ここで再び、有名アスリートを育てた親御さんの言葉を紹介してみます。

大事なのは「正しい答えは1つじゃない」と知ること。
杉山芙沙子（杉山愛の母）

「こうしなければならない」という正解はないと思います。
澤満葦子（澤穂希の母）

とにかく、じっくり考えさせる。正解はありません。

石川勝美（石川遼の父）

いかがでしょうか？

みなさんが「答えはない」、あるいは「答えは一つではない」と言っています。

もちろん、澤さんや杉山さん、石川さんなりの答えはあるはずです。

しかし、**「子育てには答えはない」と口を揃えている点は見逃せません。**

現在は超情報化社会といわれています。18世紀に生きていた人が生涯をかけて得られる情報量が、現在のアメリカの新聞「ニューヨークタイムズ」の1週間分だとされるほどの情報を私たちは日々浴び続けているのです。

これは子育てにおいても同じです。テレビや新聞、雑誌やSNSから、子育てに関するさまざまな情報が否が応でも飛び込んできます。

その中から〝正解〟を求めて行動しようとすると、逆にさまざまな〝答え〟を目の当たりにしてしまい、どう行動していいか迷ってしまう方々が多くいます。私もセミナーにお越しいただく親御さんと話をしていて、強く実感することでもあります。

逆にいえば、**〝正解〟が一つしかないと決めつけ、それを追い求めようとするからこそ不安が生まれる**のです。

ここでお伝えしたいのは、**正しい答えは一つではないことを知ること**です。

情報量が膨大で、時代の変化が速い現在において、正解が一つしかないと思っているよりも、「正解はない」「正解は一つではない」と考えている人のほうが、きっとよりスピーディーに、より臨機応変に対応ができるはずなのです。

すべての土台は信頼関係

まれに親御さんがお子さんと一緒にセミナーに参加されるケースでこんな話があります。

「先生が伝えてくれた内容を私は息子に口すっぱく伝えているんです！　セミナーにも一緒に行こうと何度も言って、ようやく今日、息子に来てもらうことができました！」

こう言って喜ぶ方がいます。

セミナー講師という立場では本当に嬉しい話でもあるのですが、息子さんの気持ちを考えると戸惑ってしまうところもあります。

彼は本当に望んでこのセミナーに来たのか、母親に無理やりに連れてこられたのではないか、と思ってしまうからです。

いくら正しいと思うことを言ったとしても本人に伝わっていなければ意味がありません。正しいことを言っても、それを**相手が受け取る準備ができていなければ真意は伝わらない**のです。

もし、セミナーに参加してくれた彼が、母親に無理やり連れてこられたとするなら、私の話を先入観なしにまっさらな気持ちで受け取ってくれるでしょうか。

これはセミナー講師と受講者という関係だけではなく、親と子の関係においても同じです。

そこでお伝えしたいのがこちらの言葉です。

あなたのお子さんと、本当に信頼関係がありますか？

新庄英敏（新庄剛志の父）

阪神タイガースで活躍、メジャーリーグにも挑戦し、日本球界復帰後もプロ野球を盛り上げた新庄剛志さんの父・英敏さんの言葉です。

造園業を営んでいた英敏さんは**「子育ては木を育てるのと一緒」**という独特な子育てにより、ノビノビとした性格を持った新庄剛志さんを育てました。

その著書を読むと、信頼関係についての言葉が多数見つかります。

わが子に素晴らしい未来を歩んでほしい。そう考えて、子どものためにとさまざまなことを学ぶ親御さんは増えています。

しかし、そもそもの前提条件として、親と子の信頼関係は築けているでしょうか？

私のクライアントの親御さんの中にも、「子どもが聞く耳を持ってくれなくて困っている」と話される方がいます。

話を聞いてみると、親御さんが伝えようとしていることは、私の立場から見てもお子さんにとって的を射ていると思われることが多々あります。

にもかかわらず、子どもはその言葉を聞こうとしません。子どもに受け入れる姿勢ができていないのです。

子どもがアドバイスや忠告を受け入れる土台が「信頼関係」なのです。

ほんの少しだけ伝え方の工夫

では、どうして子どもとの信頼関係がなかなか構築されないのでしょうか？

私は多くのケースで、親御さんの伝え方に問題があると思っています。

大切なことは、強制はしない。しっかりと説明をする。納得させる。

井上真吾（井上尚弥の父）

ボクシングで3階級制覇の偉業を成し遂げた井上尚弥さんの父・真吾さんは塗装業と不動産業を営むかたわら、2人の息子をボクシングのトレーナーとしてサポートしています。

著書からは、その子育てに対するこだわりとともに、伝え方に特に気を遣っていることが感じられます。

著書には、**声を荒げてまで叱ることはない**と綴られています。「ダメだ！」「やめちまえ！」などの汚い言葉もいっさい使わないそうです。

「こんなので強くなれるのか？」「それ、よくないと思わない？」など、自分がこう言われたら納得できるなと思う言葉を、間を置いて考えてから語りかけるそうです。

私が野球をやっていた高校時代、試合中にコントロールが乱れると、相手ベンチだけでなく、自軍の監督、コーチ、チームメイトから野次られることがありました。言うほうにとっては、きっと激励の言葉だったのでしょう。しかし、それほど心が強くない私にとっては身に突き刺さるようなつらい言葉でした。

親御さんと話していると、多くの人がついつい感情的になり、言葉づかいが荒くなってしまうことがあると言います。なかには感情的になったことを、言ったあとで後悔すると話してくれる方もいます。

伝え方をほんの少し気にして工夫するだけで、コミュニケーションは格段に変わります。

「脅すコミュニケーション」と「諭《さと》すコミュニケーション」

1965年に米スタンフォード大学の社会心理学者ジョナサン・フリードマン教授によってある実験が行なわれました。

参加したのは、カリフォルニアに住む7歳から10歳の小学生40人でした。この実験では2種類のしつけが比べられました。一つは「脅し」、もう一つは「諭し」です。

実験では、電動式ロボットや野球のグローブ、おもちゃのライフルなど5種類のおもちゃが用意されました。

子どもたちはAグループとBグループに分けられ、おもちゃが用意された部屋に通されます。

Aグループにはこう伝えました。

「ロボットで遊んではいけません。ロボットで遊んだら罰を与えます」

一方のBグループにはこう伝えました。

「ロボットで遊んではいけません。このロボットで遊ぶのはよくないことだから」

Aグループには「脅し」、Bグループには「諭し」が用いられたことになります。

この結果、ロボットで遊んでしまった子どもは、A、Bグループともに1人でした。

「脅し」も「諭し」も効果は同じだったことになります。

この実験の本領はここからです。

最初の実験から6週間後、前回同様に子どもたちを呼びます。部屋にはお絵描き道具とともに、前回と同じおもちゃが置いてあります。

子どもたちにはこう伝えました。

「絵を描いてください。それが終わったら、どのおもちゃで遊んでもいいです」

するとAグループとBグループで、ロボットで遊んだ子どもの数に変化が起こりました。

▼Aグループ（脅されたグループ）：77％

▼Bグループ（諭されたグループ）：33％

脅されたAグループの多くはロボットで遊び、諭されたBグループはあまりロボットで遊びませんでした。

このことは「脅し」による指示は持続力がなく、「諭し」による指示には一定の持続力があることを示しています。

このように「脅す」コミュニケーション方法では子どもは思うように行動してくれません。 こうしたコミュニケーションでは信頼関係は作り上げられないのです。

あるお母さんからこんな質問をいただいたことがあります。

「子どもが部屋を片付けなくて困っています。いくら言ってもダメなので、結局私が子どもの部屋の掃除をしなくてはいけません。言うことをきかせるにはどうしたらいいでしょうか？」

よくある話だと思います。

お母さんに、ふだんから子どもとどのようなコミュニケーションをとっているか確認すると、どうやら命令口調で「部屋を掃除しなさい！」と怒鳴ることが多いようなのです。ある種の脅しです。

そこで、前述の実験を説明した上で、こうお伝えしました。

「掃除しないと自分が困ることが起きるとあくまでも諭してみてはいかがでしょうか。感情的に叱りつけるのではなく、何度でも理由を言ってきかせてみてください」

子どもにとって大事なのは、自分で気づくことです。いくら言葉で命令しても、人は思ったとおりに変わりません。ましてや、いくら怒ったところで、真意が伝わらなければ、子どもにとっても、親にとってもストレスになるだけです。

なぜやらないのか？　子どもの意見をじっくりと聞いてみてください。面倒くさいだけか、何か別のことをやっていたからか、あとでやろうと思っていたのか……**まずは子どもの意見を徹底して聞くところから始めてみてください。**

さらにその上で、なぜやらないといけないのか？　子どもが納得できるようにみなさんの言葉で諭してみてください。叱ったり、怒鳴ったりするのではなく、理由を説いてください。

また、しっかりと子どもに理解してもらうためには**「共感」**もポイントになります。

親として子どもに伝えるときには、自分自身も同じ思いをしてきたと**「自己開示」**することも重要です。

「自己開示の返報性」という言葉があります。自分自身が自己開示することは、他人も自己開示しやすくなるという意味合いです。

自分がどんな気持ちであるかを子どもに伝えるだけでOKです。

たとえば、「部屋の掃除をしなさい！」ではなく、「お母さんも○○と同じ年齢のときに自分のお母さんから部屋を掃除しなさいと言われて嫌な気持ちになったことがあったわ～」とか、「私も子どものころは遊びに夢中だったから部屋の掃除なんてしたいと思えなかったけど……」と伝えた上で部屋を掃除するメリットを伝えると聞き入れやすくなるはずです。

親が用いるべきはあくまでも「脅し」ではなく、「諭し」であるべきです。

健全なコミュニケーションが土台にあれば、きっと信頼関係は少しずつ構築されていくはずです。

子どもの自信を育てる方法

信頼関係が構築されていくと、親にはある思いが芽生えてくるはずです。それが**「子どもを尊重する姿勢」**です。

僕は決して翔平をプロ野球選手にしようと思って指導したのではあ

りません。

大谷徹（大谷翔平の父）

投手と野手の二刀流としてプロ野球で活躍後、メジャーリーグに活躍の場を移しながらも飛躍し続けている大谷翔平さん。

大谷さんの父・徹さんは、自身も社会人まで野球を続けたキャリアを持っています。

自身にも競技におけるキャリアや実績のある親御さんにありがちなのが、「〜でなければならない」という考え方の押しつけです。自分もその競技を知っているがゆえ、どうしても自らの枠に子どもをハメてしまいがちなのです。

ところが、徹さんはわが子をプロ野球選手に育てたいという思いはなかったと書いています。

単に愛情をかけるというだけではなく、**子どもが望むものを伸ばしてあげるという姿勢が、結果的に子どもの才能を開花させるケースが増えてきている**ように思います。

財団法人日本青少年研究所が行なった、日本、韓国、中国、アメリカの高校生を対象にした意識調査があります。

この調査には「私は価値のある人間である」という質問が設定されていて、その設問について「はい」と答えた人は国別に、韓国20・2％、中国42・22％、アメリカ57・2％なのに対し、日本は各国とくらべても一段と低い、7・5％です。

「自分は価値のある人間ではない」という自尊心の低さは、自分へのレッテル貼りにつながります。

「自分なんて勝負に勝てない」「僕にはできない」「私は弱い」

こうしたネガティブな評価をいったん自分にくだしてしまうと、ふだんの生活の中でその理由づけを探すようになってしまいます。

練習時間が思うようにとれない、もともと背が小さい、安い用具しか使えない、才能がない、コーチの指導法が悪い……。

日常生活のあらゆることがすべて理由づけにされてしまいます。

これは負のスパイラルです。

子どもに自信を持たせるために重要なのが、子どもの自主性を尊重し、自尊心を育てることです。

沙織にああしなさい、こうしなさい、と指示したことは一度もないんです。常に、〝自分のことは自分で決めなさい〟と言ってきたので、たぶん、そうしてるのだと思います。

木村朋子（木村沙織の母）

女子バレー日本代表として活躍された木村沙織さんは小学校6年時に東京大会で優勝し、バレーの名門・成徳学園中学からオファーが届いたそうです。

しかし、成徳学園は自宅から離れていて、片道1時間半以上かけて通うか、オファーを断り、地元の中学に通うか、木村沙織さんは迷っていました。

迷った木村さんはお母さんに「どうすればいいかな？」と聞きます。それに対して母・朋子さんは「あなたはどうしたいの？」と聞き返したそうです。

朋子さんの言葉は、自尊心を養うためのヒントを探る上で、非常に参考になるものだと私は感じました。

子どもたちの自主性を促す方法こそ、まさにコーチングです。

「コーチング」とは、もともと人や物を目的地に届ける馬車という意味から転じて、人の夢や目標に導く存在とされています。そして、そのためのさまざまなコミュニケーションのツールが開発されてきました。

自尊心を高めるために大切なことは、親が子どもの意見に耳を傾けることです。

時間がなく、日々忙しくすごす親御さんにとっては、子どもが考えて答えを出すのを待つのはとてもたいへんに感じられるかもしれません。


子どもだからといって、親の自分たちがあれこれ決めてあげる必要がある。そう思っている人は多いのではないでしょうか。ただ、もしその親に決められた道で失敗した場合、子どもは一体何を思うでしょう。

高木豊（高木俊幸、善朗、大輔の父）

高木豊さんはプロ野球・大洋ホエールズにてスーパーカートリオとして活躍。3人の息子を3人ともJリーガーに育てたことでも有名になりました。

3人の子どもをすべてプロのサッカー選手に育てたというのは、Jリーガーの競争の激しさを知る者として、驚くべきことです。これもひとつの〝奇跡〟といっていいものでしょうが、〝奇跡〟が起こるには必ず理由があるものです。

子育てにおいて奇跡を実現した高木さんの問いかけです。

子どもより多くの経験がある親は、子どもの答えを聞くよりも先に答えを思いついてしまうものです。そして、少しでも安全な道を歩いてほしいという思いから、答えを与えたくなってしまうものです。

しかし、子どもの側に立って考えていただきたいと思います。

親から次々に答えを与えられ続けた子どもに自尊心は芽生えるでしょうか？

親が手を差し伸べすぎることによって生まれる弊害があります。

それは、自分で考えることが苦手になってしまうことです。

私たちの脳は適切な刺激によって、新たな脳内回路を作り出します。

自分で考え、試行錯誤しながら答えを出す作業は脳の成長にとっても必要な過程なのです。

さらに仮説を立てて行動に移して、失敗しながら自分の道を見つけていくことは、チャレンジ精神にもつながります。

親がすぐに答えを与えてしまうことは、子どもの可能性を閉ざすことにもなりかねないのです。

「やりたい！」からスタートしよう

では、子どものころにもっとも大切にすべきことはなんでしょうか？

子供が「やりたい！」と言い出したときには後回しせず、すぐに叶えてあげるということです。それによって、「自分の願いは必ず叶えられる」という基本的な考え方を美誠に教えておきたかったのです。

伊藤美乃り（伊藤美誠の母）

福原愛さんが持っていた全日本卓球選手権での史上最年少勝利記録を10歳2カ月で塗り替え、リオオリンピックでは銅メダルに貢献した伊藤美誠さん。お母さんの美乃りさんも卓球をしていたこともあり、幼少期から卓球に触れる機会が多かったそうです。

美乃りさんが大事にしたのが、好奇心を持ったものに積極的に取り組む子どもの自発性です。

物心ついたときにはすでに親の意向で競技に取り組まされていたというアスリートの話をよく聞きます。

しかし、美誠さんの場合は、自身が「やりたい」と言ったところからスタートしたそうです。

子どもの気持ちを尊重し、自主性を重んじた上で、興味があることに積極的に取り組ませてあげることがとても重要なのです。

また、その前提条件として、スポーツだけではなく、美術館や自然に触れるような感性を刺激する経験、また非日常的な経験をたくさんさせておくことも必要です。

さまざまなことに触れさせ、好奇心をくすぐる中で、子ども自身が次第に何かに興味を持って取り組んでくれるようになるからです。

親の価値観を無理に押し付ける必要はありません。親の願いどおりに子どもが生きることが幸せにつながるとは限らないのです。

もし、**親がどうしてもやらせたい競技があるならば、親自身が子どもと一緒に始めることがポイントです。**親は本格的にやらず、遊ぶだけでかまいません。親がやっていることをきっかけに遊びから興味を持たせて、本人が楽しみ出したところで本格的に始めるきっかけを作るのです。

無理やりにさせることは子どもを苦しめることにつながりかねず、そうすれば最終的に親御さんも苦しむことになります。

あくまで子どもの自発性を重んじ、子どもがやりたいと言い出してから、積極的に取り組ませることが大切なのです。

こういった自発的にやりたいと思える動機を心理学では「内発的動機」といいます。

逆に、人からご褒美をもらうことと引き換えだったり、怒られたくなくて嫌々取り組んだりといった、外部からの影響による動機付けを「外発的動機」といいます。

私がコーチングしたある女子体操選手の話です。

彼女は小学校低学年のころから体操をやっていました。始めた理由は、親にやるように言われて、という外発的な理由でした。

しかし、取り組んでみると意外にうまくできて、始めて数年のあいだは競技自体がとても楽しかったそうです。彼女には才能があったのでしょう、体操クラブでも抜群の成績を誇るようになりました。

その後、小学校を卒業し、中学に入学したころから、親からのプレッシャーが次第に強まります。親は体操の名門高校に進学してほしいと望み、家に帰っても親が話してくることといえば競技のことばかりになったと言います。

彼女はだんだんと体操が嫌いになってしまい、今競技を続ける理由を問うと、

「90％以上、親のためにやっています」

そう涙ながらに話してくれました。

「では、本当にやりたいことはなんでしたか？」と私が問うと、「私には体操しか経験がないから、今さら別のことをやりたいとすら思えないです」と話してくれました。

こういった話を聞くと、本当に心が締め付けられます。

私は彼女に対するコーチングの中で、体操が楽しいと思うときはどんなときかを尋ねました。

初めは困ったように考え込み、答えを出せずにいた彼女でしたが、何度目かのコーチングの際に、「自分が納得するかたちで技が決まったときはやっぱり楽しいです」と伝えてくれました。

多くの人にとってもそうですが、彼女も達成感を味わうとき、心の底から体操の楽しさを感じると言います。

これこそが彼女にとっての「内発的動機」なのです。

メンタルコーチの役割は、こうして時間をかけながら、選手の心を探っていくことでもあります。

私は今、こうして内発的動機を高めていくことで、彼女自身に体操そのものの魅力をあらためて思い出してもらおうとしているところです。

能力を褒めるか、努力を褒めるか

スポーツメンタルコーチという仕事を通じて多くのアスリートと接して感じたことがあります。競技を好きで始めたという人が意外と少ないのです。

日本代表などトップレベルに近くなればなるほど、この傾向が強くなります。選手の中に、「ボクはやらされているだけです」とか、「じつは競技が嫌いなんです」と話す人が多いことは衝撃的でした。彼ら、彼女らにとっては、スポーツというよりも職業という感覚なのでしょう。

こういう話をすると、外発的動機がいかにも悪者のように感じられるかもしれません。

しかし、外発的動機だからといって、すべてが悪いわけではありません。外発的動機と内発的動機をうまく使い分けるべきなのです。

スポーツについてはできる限り内発的動機で始めたほうが理想的だと私は考えています。外発的動機が強すぎる選手は人の目を気にしたり、期待に応えようとしすぎてしまう傾向を感じるからです。

それでもすでに親の影響（外発的動機）によって競技を始めたお子さんもいるはずです。そうした方は、次ページの図をご覧ください。

この図では段階的に内発的動機にもっていく手順を示しています。

最初は外発的動機であっても、段階的に「取り入れ的動機付け」「同一的動機付け」を得ることで、やること自体が喜びに変わるような内発的動機に導いていくことができるのです。

そこで重要になってくるのが「声がけ」です。

モチベーションの5段階

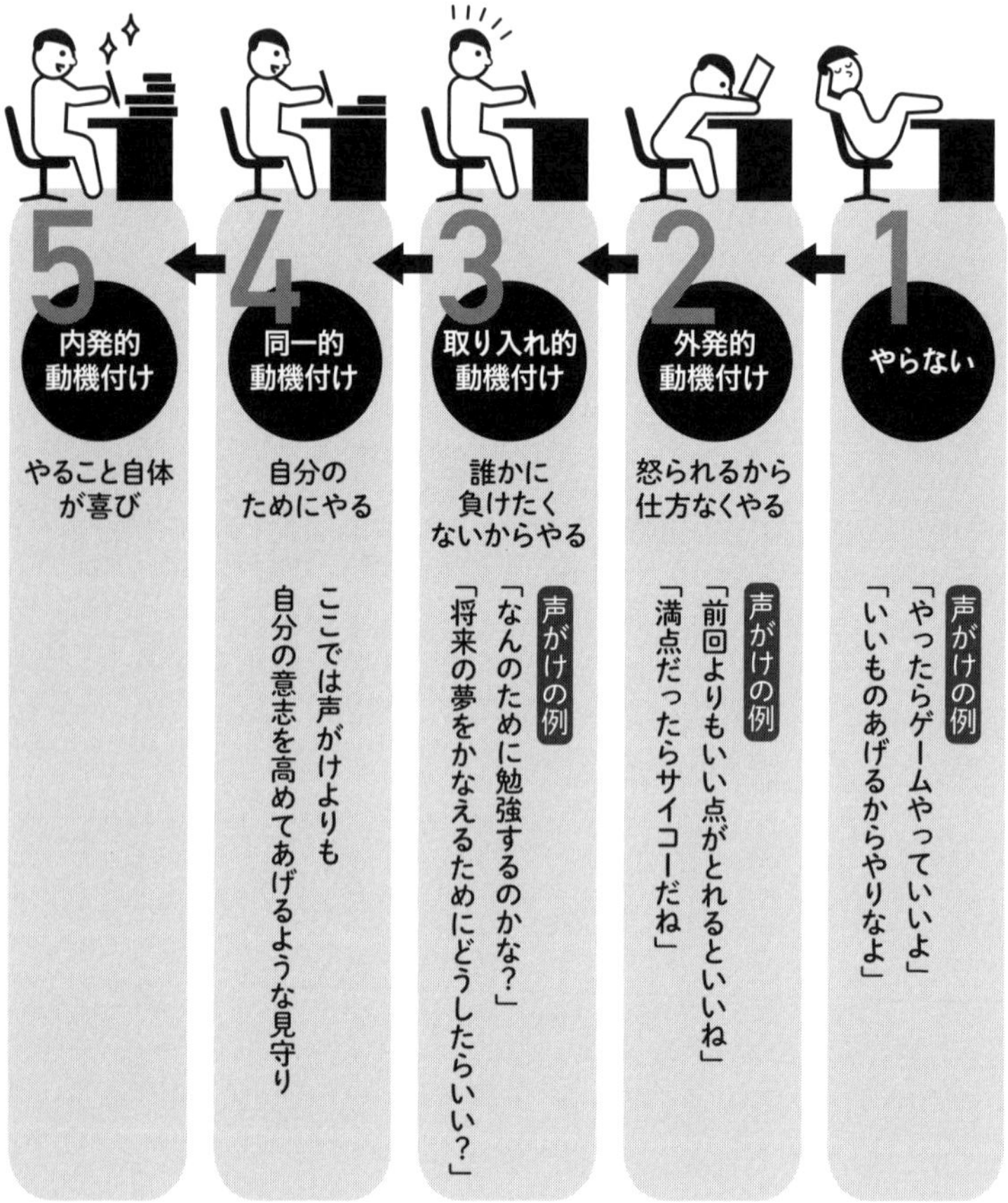
1
やらない
声がけの例
「やったらゲームやっていいよ」
「いいものあげるからやりなよ」
2
外発的動機付け
怒られるから仕方なくやる
声がけの例
「前回よりもいい点がとれるといいね」
「満点だったらサイコーだね」
3
取り入れ的動機付け
誰かに負けたくないからやる
声がけの例
「なんのために勉強するのかな?」
「将来の夢をかなえるためにどうしたらいい?」
4
同一的動機付け
自分のためにやる
ここでは声がけよりも
自分の意志を高めてあげるような見守り
5
内発的動機付け
やること自体が喜び

スタンフォード大学心理学部のドゥエック教授の研究を紹介します。

ドゥエック教授は、思春期初期の子どもたち数百人を対象に、知能検査のかなり難しい問題を10問解いてもらいました。

問題を解き終わった後で、2つのグループに分け、それぞれ違う褒め言葉をかけました。

一方のグループには、

「○問正解したね！　よくできたね！　キミは頭がいいんだね」

もう一方のグループには、

「○問正解したね！　よくできたね！　キミは頑張ったんだね」

と声がけをしたのです。

「能力（頭がいい）」を褒めたか、「努力（頑張った）」を褒めたかの違いです。

実験では、この声がけのあと、子どもたちに新しい問題を見せ、その際に2つの選択肢を与えました。
・新しい問題に挑戦する
・同じ問題をもう一度解く

このうち、どちらかを選ばせたのです。

すると2つのグループの間で明確に行動の差が現れました。

まず、「能力」を褒めたグループ。彼らの多くが「同じ問題をもう一度解く」を選択しました。つまり、新しい問題を避ける傾向が強くなったのです。

一方、「努力」を褒められたグループでは、その9割が「新しい問題に挑戦する」を選びました。

このことは、「能力」や「結果」だけを褒められた生徒たちは無意識にある心理が生まれたことを示しています。

「失敗をすると自分の能力を疑われるかもしれない」というプライドです。

これに対して、「努力」や「過程」を褒められたグループは無意識にチャレンジ精神が芽生えたのです。

つまり、この実験が示唆するのは、

▼能力を褒められた子ども　↓　プライドができあがり失敗を許せなくなる

▼努力を褒められた子ども　↓　新しいチャレンジに挑もうとする

ということです。

さらに実験には続きがあります。

今度はすべての子どもになかなか解けない難題を出しました。

すると、「能力」を褒められたグループにある心理的な変化が起きました。

彼らは、フラストレーションを抱え、自分は頭がよくない、こんな問題を解いても楽しくない、と思うようになりました。なかには、自分は頭が悪いのだと考えるようになった子どももいました。

一方の「努力」を褒められたグループの反応は違いました。

難問を出されても嫌になったりしませんでした。むしろ、難しい問題のほうが面白いと答える子どもが多かったそうです。

多くの子どもたちが、なかなか解けない問題があったとしても「もっと頑張らなくちゃ」と考えたのです。

この実験が示しているのは、

▼能力を褒められた子ども　↓　難しい問題に対して、自分は頭が悪いと判断する

▼努力を褒められた子ども　↓　難しい問題に対して、積極的に挑戦する

さらに実験の続きです。

難問が出された後、今度は簡単な問題が再度出されました。

この簡単な問題について、能力を褒められた子どもたちの正答率は当初よりも落ちました。つまり、自分の能力に自信を失い、スタート時よりも成績が落ちてしまったのです。

一方の努力を褒められたグループは簡単な問題について当初よりも正答率を上げました。難問に挑戦したことで、やさしい問題をすらすら解けるようになったのです。

ごく単純化していえば、この実験では、

▼能力を褒められた子ども　↓　成績ダウン
▼努力を褒められた子ども　↓　成績アップ

という図式が明らかになりました。

スポーツに置き換えても同じことがいえるのではないかと私は考えます。

試合の結果だけを見て、「勝ったからよかった」「負けたからよくなかった」というふうに判断をしていないでしょうか？

どのような結果が出たかということは、もちろん重要です。

しかし、そのことばかりを重視して、それまでの過程を見落としてはいけません。

試合までにどれだけの努力をしたのか。

試合においてどういうところが成長したのか。

そういったことをきちんと観察し、子どもたちの「努力」や「過程」を褒めてあげていただきたいのです。

「努力」を褒めることは難しい

「結果」を褒めることは簡単です。よい記録や勝利という明確なかたちを捉えればいいからです。

これに対して、「努力」を褒めることは簡単ではありません。**「努力」を褒めるた**

めには、子どもに寄り添い、ふだんの生活や練習姿勢などの「過程」を見つめなければならないのです。

忙しい親御さんにとって、それが難しいというのはよくわかります。なかなか練習まで見に行けないという親御さんもいると思います。

だからこそ、日常のコミュニケーションがとても大事なのです。

信頼関係の土台となる日常のコミュニケーションをしっかりとっていただきたいのです。

つねに試合の結果や記録だけを聞いてくるような人には、だれだって心を開きにくいものです。

たとえば、「今日はどんな練習したの？」といったことから始め、練習の中で重視して取り組んだことなどを聞き取り、褒めるといいでしょう。

ある女子高校サッカー選手のお母さんからうかがった話です。

お母さんは、ふだん家で娘さんと一緒に生活しているときは、面と向かって競技の話はしないそうです。その日の晩御飯だったり、テレビドラマの話、学校の友達との話など、いたってふつうの親子のやりとりをしています。

ところが、ＬＩＮＥを使っての会話ではスタンスを変えるそうです。お母さんと娘さんは、ＬＩＮＥ上では、メンタルコーチと選手になるのです。

メンタルコーチであるお母さんは、ＬＩＮＥを通じてその日にあった競技の上での出来事や過程について問いかけます。それに対し、娘さんも選手の立場になってやりとりするのです。

それまでお母さんは娘さんを結果ばかりで判断して、結果が出ていないと細かいところまであれこれ注意してしまい、競技以外の日常生活においても関係性がギクシャクしてしまうことがあったそうです。

そこで、競技と日常生活をはっきりと区分けしてしまってはどうかと考え、ふだんは競技の話はいっさいせず、競技についての話題はＬＩＮＥに限る、と決めたというのです。

こうしたやり方は最新のコミュニケーションツールを用いた見事なコーチング方法だと感心しました。

私には長期契約をしているアスリートが30名います。選手によっては日本全国を飛び回っていたり、世界を舞台に活躍している選手もいます。彼ら彼女らの練習を毎日見ることなどとても不可能です。

たとえば、彼らと1カ月ぶりに会ったとして、そのコーチングの前に必ず次のような問いかけをしています。


「この1カ月間はどんな取り組みをしましたか？」

「この1カ月でどんな気づきがありましたか？」


コーチングの時間の20％程度はこうした聞き取りの時間を設けています。

こうした聞き取りによって、選手から具体的な「過程」や「努力」を知らせてもらうのです。

コーチングというと、こちらが働きかけ、選手を導いていくようなイメージかもしれません。

しかし、大切なのは聞く力なのです。

どんな変化があったか？

どんな気づきがあったか？

どんな小さなことでもいいので、その間に起こった変化を掘り出す作業をするのです。

そして、ヒアリングした情報をもとに、選手自身が行なった「努力」や「過程」を褒めるようにしています。

必要以上に心配しない

アスリートの親御さんの本を読み進めていく中で気づいたことがあります。

どの方の本でも、**「過程」を重要視する発言が目につく**のです。

美宇がよく試合に負けて泣いていた時期には、全力を尽くしてプレーすることの大切さを教え、「相手に負けたんじゃない。自分に負けたんだよ」と言い聞かせました。

平野真理子（平野美宇の母）

伊藤美誠さんとのコンビ「みうみま」で知名度が上がり、今では実力でも日本を代表する卓球選手になった平野美宇さん。

この言葉を知り、彼女が成果を出すために努力し続けられたのは、母・真理子さんの教えがあったからだと思わされました。

試合に負けていたとき、つねに美宇さん自身の過程に目を向けさせたこの言葉は素晴らしいものです。

「自分に負けたんだよ」という言葉は、「勝敗」という結果ではなく、「自分との闘い」という過程を指すものなのだと解釈できます。

マインドセットという考え方があります。マインドセットとは、経験、教育、先入観などから形成される思考様式、心理状態のことで、「思い込み（パラダイム）」「価値観」「信念」などがこれに含まれます。マインドセットはその人の行動や考え

	硬直マインドセット	しなやかマインドセット
	才能は変化しない	才能は磨けば伸びる
挑戦	できれば、やりたくない	新しいことにチャレンジしたい
障害	壁にぶつかると、あきらめる	壁にぶつかっても、乗り越えようとする
努力	努力は面倒くさい	何かを得るために努力は欠かせない
批判	批判は無視する	批判から学ぶ
他人の成功	他人の成功を脅威に感じる	他人の成功から学びや気づきを得る
	可能性を発揮できない	可能性を発揮して高い成果を得る

方に大きな影響を与えます。

このマインドセットには2種類あり、
1つは**「硬直マインドセット」**

もう1つが**「しなやかマインドセット」**です。

この「しなやかマインドセット」を形作るためにも、**結果で評価するのではなく、努力（過程）で評価することが重要**になるのです。

「しなやかマインドセット」が確立すると、競技面だけではなく、人間性も成長していくことができます。

人間性教育を大事にした親御さんといえば、松井秀喜さんの父・松井昌雄さんが有名です。

以下は作家の伊集院静さんとの対談における松井秀喜さんの発言です。

伊集院「一度も人前で悪口を言ったことがないの？」

松井「はい、ありません。

父と約束したからです。

中学2年生のとき、家で夕食をとっている中、僕が友だちの悪口を言ったんです。
すると、父が夕食を食べるのを中止して僕に言ったんです。
人の悪口を言うような下品なことをするんじゃない。
今、ここで二度と人の悪口を言わないと約束しなさいと……。
それ以来、僕は人の悪口は言ってません」
（『逆風に立つ　松井秀喜の美しい生き方』伊集院静、KADOKAWA）
松井昌雄さんは、親と子の信頼関係を著書でこう語っています。

子どもに対して必要以上の心配はしないほうが、かえっていい結果が出るように思います。

松井昌雄（松井秀喜の父）

コーチングを行なうアスリートからこんな言葉を聞くことがあります。

「親に心配かけたくないんです」

親から過剰な期待をかけられた子どもは無意識にある行動をとります。「結果」にばかりフォーカスしてしまうのです。

親からの期待は、子どもにとって何がなんでもいい結果を出さなければならないというプレッシャーになります。

すると多くの子どもは思い切ったチャレンジをしないようになります。

期待に応えようとしすぎるあまり自然と結果を追い求め、「硬直マインドセット」ができあがってしまうのです。

子どもへの期待が裏目に出てしまうケースです。

だからこそ、松井さんのお父さんのように、必要以上に心配しない、必要以上に期待しないくらいの姿勢が大切になります。

「うちの子なら大丈夫」といつでもどんと構えるくらいの信頼関係ができあがったら、子どもには絶対的な安心感が生まれます。

松井さんが「悪口を言うな」というお父さんの言うことをきいて、すぐに自らの行動を正したのも、親子の信頼関係があってこそのことなのです。

そもそも私たちは他人の心も行動もコントロールできません。それはわが子だって同様です。

他人のことをコントロールできないと頭ではわかっていたとしても、生まれたときからずっと一緒にいると、子どものことは親がすべてコントロールできるような感覚が生まれてしまうかもしれません。

しかし、わが子もコントロール不能という点では他人と同じなのです。

どんな子どももいずれは自分の元から離れる日が来ます。失敗しても自分の力で乗り越えなくてはいけない環境がいずれやってくるわけです。

どんな子どもも最終的には大人の手を借りなくても一人で歩んでいく力が求められます。

そのときに必要とされるのが「自主性」であり、「自尊心」です。

松井昌雄さんの言葉から子どもを信頼する親の姿勢を感じ取っていただきたいと思います。

この章でのワーク

❶子どもが生まれた当時のことを思い出してみてください。

❷子どもにどんなふうに育ってほしいと願ったか思い出してみてください。

解説

❶子どもが誕生した際、だれもが嬉しい気持ちだったと思います。わが子を初めて抱いたその日は、一生忘れることができない特別な一日だったでしょう。しかし、子どもの存在が特別だったあのときの感覚は次第に薄れていくものです。そんなときこそ、日々の生活の中で〝あの日〟のことを思い出してほしいのです。あの日の感動は子どもと接するときのモチベーションになります。親と子の原点にある感動に思いを馳せていただきたいのです。

❷子どもが誕生してから、親はどんなふうに育てたいか、育ってほしいかを考えたはずです。それもまた親と子の関係性の原点です。親の思いの根っこには、〝子どものため〟という願いがあります。折に触れ、その気持ちを思い出すことは、日々の子育てにもきっとよい影響を与えるはずです。

(Chapter 2)

くじけそうな
子どもに効く言葉

親があきらめてはいけない

文部科学省の平成30年度「児童生徒の問題行動・不登校等生徒指導上の諸課題」によると、小・中学校における不登校児童生徒数は16万4528人（前年度比2万497人増）と、統計開始以降、初めて16万人に達し、過去最多を更新しました。

何かしらの理由でくじけてしまった子が年々増えているといってもいいかもしれません。

私が見ている中にも、「毎日の練習が億劫《おっくう》でやめたい」とか、「もう競技を引退しようかと思う」などと口にする選手がいます。

今にもくじけそうになっている選手と接するとき、私の中にはいつもある言葉があります。

「私があきらめてはいけない」

くじけそうな選手と接するときに一番大切なのは、こちらがあきらめないことで

す。

私はあきらめないことで生まれる数多くのメリットを感じています。

子どもがくじけそうなときほど、**親だけは絶対にくじけない気持ちで子どもを信じてあげてほしい**のです。そうすることで逆境を跳ね返した数多くの選手を見てきました。

「スランプ」と**「プラトー」**という言葉があります。

スランプについてはよく知られていて、突如不調に陥り、一時的に結果が出なくなる状態を指します。こちらは一般的には競技をある程度続けた段階で現れる現象で、一定以上のレベルの選手に起こるとされています。

これに対し、「プラトー」とは、競技を始めたばかりでなかなか上達しない状態をいい、ビギナーレベルから次のステップに移る段階で起こるとされます。

この2つの言葉があることは、競技を始めてからいろいろな段階で結果が出なくなる停滞期が存在することを示しています。これは運動競技だけでなく、英会話や受験勉強、音楽や絵画など芸術系の活動についても同じことがいえます。

そして、スランプもプラトーもどちらも練習時間に応じて脱することができると

練習時間と上達の関係

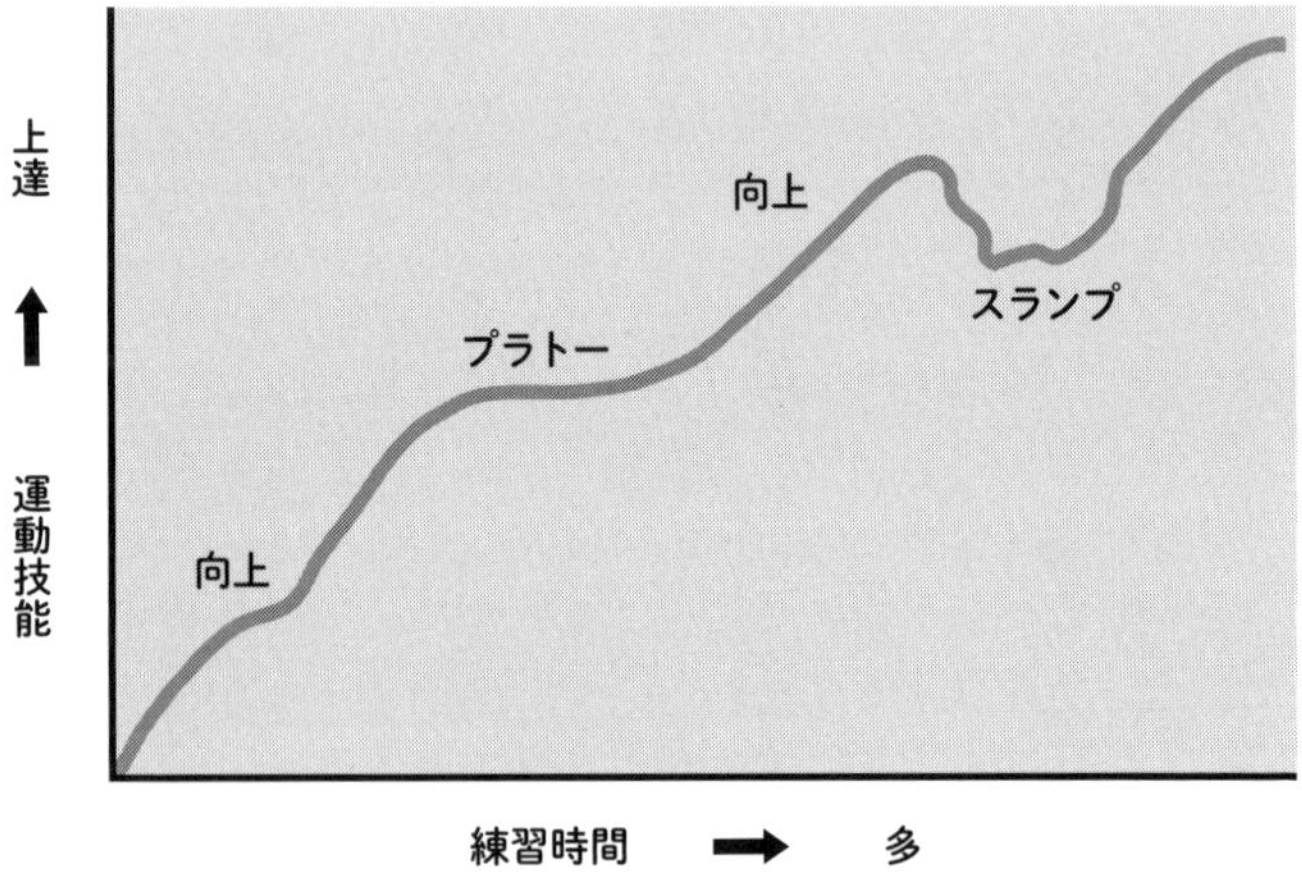
上達
↑
運動技能
向上
プラトー
向上
スランプ
練習時間 ➡ 多

されています。

科学的にも努力を続ける限り、必ず成長していくものと考えられているのです。

うまくいかないときに落ち込むのではなく、その人にとって必要な過程だということを理解してほしいのです。

私が見た、とても印象深い選手の話を紹介します。

彼は中学野球の強豪チームに所属し、1年生のときからレギュラーになりました。中学生は1年ごとの体力差がはっきりしており、1年でレギュラーになれたのはチーム内でも彼一人だけでした。

しかし、2年生になり、しばらくしたころからなかなかうまくいかない期間が続き、レギュラーから外れ、2軍扱いのBチームに落とされます。落ち込んだ彼は、野球を辞めることまで考えるようになりました。

その様子を見ていたお父さんが居ても立ってもいられず、私のメンタルコーチングを彼に紹介したところから付き合いが始まり、コーチングがスタートしました。

最初の3カ月で劇的に変化が起きます。BチームからAチームに昇格することができました。さらに3年生になってレギュラーに復帰、チームの主軸を打つまでになりました。

その後、5つの強豪高校からスポーツ推薦の話があり、県内屈指の高校に入学し、甲子園にも出場することができました。

何も私のコーチングが優れていたことを自慢したいわけではありません。野球に挫折しかけた中学2年生から、甲子園に出場した高校生までのあいだ、彼のお父さんが何をしていたかをお伝えしたいのです。

お父さんは特別なことは何もしませんでした。お父さんがしたのは、ひたすらわが子を信じて、あきらめなかったことです。

私のコーチングに関しても、お父さんは何も言いませんでした。ご自身も高校野球で活躍した経験を持っているので、本来であれば言いたいこともあったでしょう。それでも指導者を信じ、子どもを信じたのです。何も言わず、子どもを信じることだけに徹したのです。

コーチングの中で「お父さんはなんて言っている?」と彼に尋ねると、「いつもいつも、お前を信じてるって言われます」と答えてくれました。

このお父さんはわが子にすべてを託したのです。そして、これができる親は意外に少ないのです。

失敗は成長のチャンス

アスリートだけではなく、数多くの親御さんも私のもとを訪れてくれます。

ある親御さんは連れてきた子どもを前にして、「うちの子はホントにメンタルがモロいんで、勝負弱いんです」と困り顔で話してくれました。その話をされているお子さんのうつむいた顔は今でも忘れられません。

親のあり方は直接子どもに大きな影響を与えます。

子どもの背中をそっと押してあげられているのか、背中を押すつもりで突き飛ばしてしまっていないか、よく考えてみていただきたいと思います。

最近、強く感じるのは「子どもの失敗や敗北を嫌う」親御さんが多いことです。

たとえば、結果が出たときのリアクションです。

思わしくない結果が出たときに、あからさまに落胆する親御さんもいます。怒鳴ったり、強くとがめたりするシーンを実際に目にすることもあります。

くじけてほしくない。成功してほしい。その気持ちが強いがゆえに、失敗をとがめてしまう。

しかし、**結果が出ないときにこそ成長のヒントは隠れている**ものです。

私は、人間が成長していくためには失敗こそが重要な経験だと思っています。失敗したり、結果が出なかったりしたときには、成長するチャンスだと捉えていただきたいのです。

人生においてずっと勝ち続けることなどありはしません。どこかで挫折や失敗、敗北が必ずやってきます。それをどうやって乗り越えるかが重要なのです。

心理学に**「レジリエンス」**という言葉があり、今大きな注目を集めています。「精神的回復力」と訳されます。わかりやすくいえば、挫折や失敗にくじけず、立ち直る力です。

このレジリエンスを磨き上げていくには、子どものうちに挫折や失敗を経験することが不可欠なのです。

そして、経験を通じて得た学びは本人にとって大きな説得力を持ちます。

さらに、ここからが親御さんにとって大切なのですが、子どもたちに「挫折や失敗は重要」と思ってもらうためには、周りのサポートが必要不可欠です。

子どもたちは挫折したり、失敗したりして、落ち込みます。これはごく当然の反応です。

そんなときだから、それをとがめるのではなく、周囲の人が「挫折や失敗が重要」だと教え、気づかせてほしいのです。

挫折を通じてどんな成長があったのか？

失敗を通じてどんな課題が見つかったのか？

このような声がけをしていくことで、子どもたちが成長していく土壌が整うのです。

「大丈夫！」はどのように使うのか？

そのヒントとして、女手ひとつでわが子を超一流プレーヤーへと育てあげた、あるお母さんの言葉を紹介します。

子どもが不安で辛い時こそ、お母さんの「大丈夫！」は、子どもに〝安心感〟という魔法をかけます。母親の余裕が、子どもの心にも伝播していくのです。

長友りえ（長友佑都の母）

サッカー日本代表として長年サイドバックで活躍してきた長友佑都さんの母・り

えさんの言葉です。

長友さんが小学校3年生のときに両親は離婚しています。その後、3人の子を女手ひとつで育てあげます。長友さんを私立の高校に通わせるため、りえさんは教育ローンをギリギリまで借りて夢を叶えることに尽力したそうです。

長友さんは大学時代、椎間板ヘルニアのケガで苦しみ、その反動からパチンコに溺れた生活がありました。そんな長友さんを支えたのが前述の言葉です。

私も、自分が学んできた社会学や心理学の理論などよりも、時として「大丈夫」というまったく根拠のない言葉を大事にしています。

そして、本当につらい立場にいる選手に一番必要なのはこの言葉なのかもしれないと実感することがあります。

あるテニスプレーヤーから、**「鈴木さんからの『大丈夫』で救われた」**と言われたことがあります。

彼はあるツアーに参戦する前、海外からメールをくれました。

メールで彼は、各ツアーで思うような結果が出ず、このままでは契約しているスポンサーから、契約更新を見送られる可能性があると心配していました。

試合を前にして、追い込まれた気持ちになった彼が、私にアドバイスを求めてきたのです。

それに対して、私はメールの最後に「○○君なら絶対大丈夫！」と返信しました。

私は彼を励ますためだけにこの言葉を書いたわけではありません。

それまで何年にもわたりコーチングをしていて、私は彼のテニスに懸ける情熱やそのための努力を実際に知っていたのです。

それらを知っていたからこそ、私は自信を持ってメールに「絶対大丈夫」と書くことができたのです。

試合に勝利した彼からは後日、「『大丈夫』という言葉だけで安心ができた」と聞きました。

この場合、具体的な心理的アドバイスをするよりも、「大丈夫」のたったひと言が選手の力になったのです。

とはいえ、なんでもかんでも「大丈夫」と言っていたらいいのかと言えば、そんなことはありません。ただ「大丈夫」という言葉だけでは相手の心には響かないのです。

ここで重要になるのが、伝えている側の心理面、そして選手とのあいだの関係性です。

こちらに自信がないのに、**言葉だけで「大丈夫」と伝えるのと、こちらも自信と確信を持って「大丈夫」と言うのでは、相手の受け取り方もまったく違ってきます。**

近年、話し手の心理状態が受け手に伝播していることが科学的にわかってきました。その一つに「ミラーニューロン」と呼ばれる脳内神経細胞による働きがあげられます。

神経細胞・ミラーニューロンは、他人がしていることを見て、自分のことのように感じる共感能力を司っていると考えられています。

たとえば、テレビやネットの衝撃映像などで不意のアクシデントにより痛がっている人を見たとき、思わず自分も同じような表情をしてしまうことがあるのではないでしょうか。

私たちは写真や対面で感情を露わにした人の顔を見たとき、同じようにして表情筋を動かす傾向があることがわかっています。

無意識のうちに、他人の感情がコピーされ、そのまま自分の表情に現れるのです。

感情が視覚的にはっきりと現れたとき、他者に伝染する影響力は強まります。視覚的にはっきりしていればいるほど、他人も同じように反応するのです。

また喜怒哀楽のような感情は伝染しやすいと言われています。

つまり、話し手が不安気に語りかければ、聞く側も不安になり、自信を持って語りかければ、聞く側にもそれが伝わるということです。

みなさんはふだんどのような表情でお子さんに接していますか？

子どもがつらそうにしているときに、同じように不安になってしまったり、悲しんでしまったりしていませんか？

時として共感はとても大事です。しかし、共感しすぎてもダメなのです。

重要なのは、長友さんの母・りえさんのように親御さんが自信を持って太陽のような存在で子どもを明るく見守る心意気です。

自分自身に問いかける

では、自信をもって語りかけるためにはどうすればいいのでしょうか？

たとえば、私は常々自分自身に対して**「結果にふさわしい人か？」**と自問しています。

「選手の結果を出すのにふさわしい行動をとっているか？」

「選手の未来がよくなるためにふさわしいふるまいができているか？」

「選手の結果を出すのにふさわしいメンタルを持っているか？」

そう自分に問いかけているのです。

こうした自分自身への問いかけに答えられるように、私はアスリートに小まめな連絡をし、試合や練習に足繁く通っています。選手が許せば、可能な範囲で親御さんにもお会いします。監督、コーチとも会うこともあります。

「選手の結果を出すのにふさわしい自分」であるため、体調面にも留意しています。ジムに通い、身体のケアのために整骨院や鍼治療も欠かせません。

もちろんコーチングを深めるため、読書をはじめ、講演を聞きに行ったり、可能なかぎり幅広いテーマで教養を深めるように努力しています。

また、人間関係においても、さまざまな人との交流を持ち、選手がメンタル面以外で困ったときに紹介できる人を増やせるように心がけています。

つねにクライアントであるアスリートに対してプラスになる行動をとりたいと考え、実行しています。これが「選手の結果を出すのにふさわしい自分」になるための行動だからです。

こうした行動の積み重ねの上に、自信を持った「大丈夫」という言葉があります。

私のメンタルコーチとしての心構えを述べましたが、親御さんにも同じことが言えるのではないでしょうか。

「子どもが結果を出すのにふさわしい行動をとっていますか？」

「子どもの未来がよくなるためにふさわしいふるまいができていますか？」

「子どもの結果を出すのにふさわしいメンタルを持っていますか？」

ぜひ自分自身を省みて、自分に問いかけていただきたいと思います。

サッカーで地元の強豪クラブチームに所属する中学生を持つお母さんからこんな相談を受けました。

「うちの主人が、息子のサッカーに取り組む姿勢を注意するんです。言っていることは正論なんですが、一方的に怒って伝えているから息子が聞く耳を持ってくれないんです。そのうち息子が言い返して、いつも口喧嘩みたいになってしまうんです。どうしたらいいのでしょうか？」

特に思春期の子どもであれば、親から言われたことに反抗したくなるのもわかります。まして一方的な言い方であれば、反発は強くなってしまうでしょう。

私は「ご主人が息子さんに話している様子をビデオに撮って、あとであらためてご主人に見てもらってはどうでしょうか」と伝えました。

自分では理路整然と説明しているつもりでも、受け取る側がそう感じなければ意味がありません。

今ではスマートフォンの普及で簡単にビデオを撮ることができます。この機能を活用して、お父さんに自分を客観視してもらおうとしたのです。

この方法を実際に試してみたというお母さんによると、お父さんも自分の伝え方に問題があったことを理解して、丁寧にコミュニケーションをとろうと努力するようになったそうです。少なくとも息子さんとお父さんが口喧嘩になることはなくなったと喜んでくれました。

こうして自分の見たくない部分に目を向けてみることは、「子どもが結果を出すのにふさわしい行動」の一つです。子どもがチャレンジしていくことと同じく、親にとってもチャレンジなのです。

グリットの伸ばし方

この章のタイトルは「くじけそうな子どもに効く言葉」です。

ずっと調子がいい人なんていません。結果を出し続ける人もいません。どんな人でも負けることがあるし、苦しみを嫌でも経験する機会があります。

Gritという言葉があります。「やり抜く力」と訳されています。

- **度胸（Guts）：困難に挑み、逆境にたじろがない勇気**
- **復元力（Resilience）：挫折から立ち直る力**
- **自発性（Initiative）：率先して物事に取り組む力**
- **執念（Tenacity）：どんなことがあっても物事に集中し続ける能力**

この4つの言葉の頭文字をつなげた造語です。

ペンシルベニア大学心理学部のアンジェラ・リー・ダックワース教授は、「才能やIQ（知能指数）や学歴よりも、グリットこそが社会的に成功を収めるもっとも重要な要素である」とし、教育界や産業界などさまざまな分野で注目を集めています。

大切なのは、このグリットは生まれ持った才能ではなく、後天的に伸ばすことのできる力だとされていることです。

今日から家族でできるグリットを伸ばす4つの習慣があります。

①家族全員（親も）がひとつは「ハードなこと」に挑戦する
②「ハードなこと」は自分で選ぶ
③「ハードなこと」は変えてもいい
④高校生になったら「ハードなこと」を2年間は続けなければならない

イチローさんがこんな言葉を残しています。

「夢をつかむことというのは、一気にはできません。小さなことを積み重ねること

で、いつの日か、信じられないような力を出せるようになっていきます

「ハードなこと」にチャレンジし続けていくことが、いずれ「信じられないような力」につながるのです。

どんなに苦しくとも闘わなきゃならないんじゃないの、プロだし。出来るところまでやる。私はそうしたらいいと思うんだけど、あなたはどうなの。

杉山芙沙子（杉山愛の母）

杉山愛さんの母・芙沙子さんは母としてだけでなくコーチとしてもサポートを続けてきました。さらには大学にも通い心理学を専攻し研究を続けたそうです。親がコーチとして世界を一緒に転戦し、大学にも通って勉強しているという、そのバイタリティーに驚かされます。

そんな芙沙子さんが伝えた言葉はまさに「グリット」の大切さを教えてくれています。

そして、そのこと以上に私が注目したいのは、この言葉の最後です。

そこで芙沙子さんは杉山愛さんに「あなたはどうなの」と問いかけます。

自分の意見を押し付ける親をたくさん目にしてきました。そのつど、子どもは黙ったままうつむいていたり、場合によっては激しく反発し喧嘩が勃発します。

価値観の押し付けは、選手をつぶす危険性もあります。

親子であっても人として敬意を払って会話をすることはとても大事です。

芙沙子さんの「あなたはどうなの」という自主性を尊重する姿勢こそが、子どもの自発性を高め、「グリット」を高めることにつながるのです。

『自分で決めたからがんばる』。『好きだからがんばる』。その気持ちを応援することが親にできること。少年野球の時代からずっと変わらない私たちのスタンスです。

斎藤しづ子（斎藤佑樹の母）

甲子園でハンカチ王子として一世を風靡した斎藤佑樹さん。その後、早稲田大学を経て、プロ野球の世界に進みました。近年では思うような結果が残せない日々が続きますが、彼の人間性の素晴らしさに多くのファンが復活を期待しています。ここでは斎藤佑樹さんの母・しづ子さんの言葉を紹介しました。

子どもの活躍を信じているからこそ子どもが決めたことを尊重する。そして、その決断に対して支援を惜しまない姿勢が表れた言葉です。

斎藤佑樹さんは中学進学時、中学の軟式野球部でプレーするか、シニアと呼ばれる強豪クラブチームでプレーするかという二択を迫られていました。

両親は親の立場から、それぞれのメリット、デメリットを伝え、最終的に彼に選択させせました。そして、斎藤さんが選んだのが中学校の軟式野球部でした。

一般的に少年野球の世界では、能力を高めたいと思うならば地域の強豪クラブチームでプレーすることが最善と言われています。そこに行けば、高いレベルの子とプレーしたり、よい指導者と出会う可能性が大きくなるからです。

その事実を知っている親であれば、だれもがクラブチームへの進学を勧めると思います。

しかし、進路の選択時、しづ子さんが無理やり誘導することはなかったのです。あくまでも本人の自発性を尊重したのです。

米テンプル大学のスタインバーク教授は、1万人のアメリカの10代の若者たちについて、親の行動に関するアンケート調査を実施しました。

すると、「温かくも厳しく子どもの自主性を尊重する親」を持つ子どもたちは、不安症やうつ病、さらに非行になる確率が低いことがわかりました。

また、その子どもたちは「成績がよく、自主性が強い」ということがわかってきたのです。

この子育てのパターンは、専門的な用語では**「賢明な育て方」**と呼ばれているそうです。

基本的には子どもの自主性を重んじるのですが、「子どもが何をすべきか」「どれくらい努力すべきか」「いつならやめていいか」などについては、子どもまかせに

子育てにおける「４つのパターン」

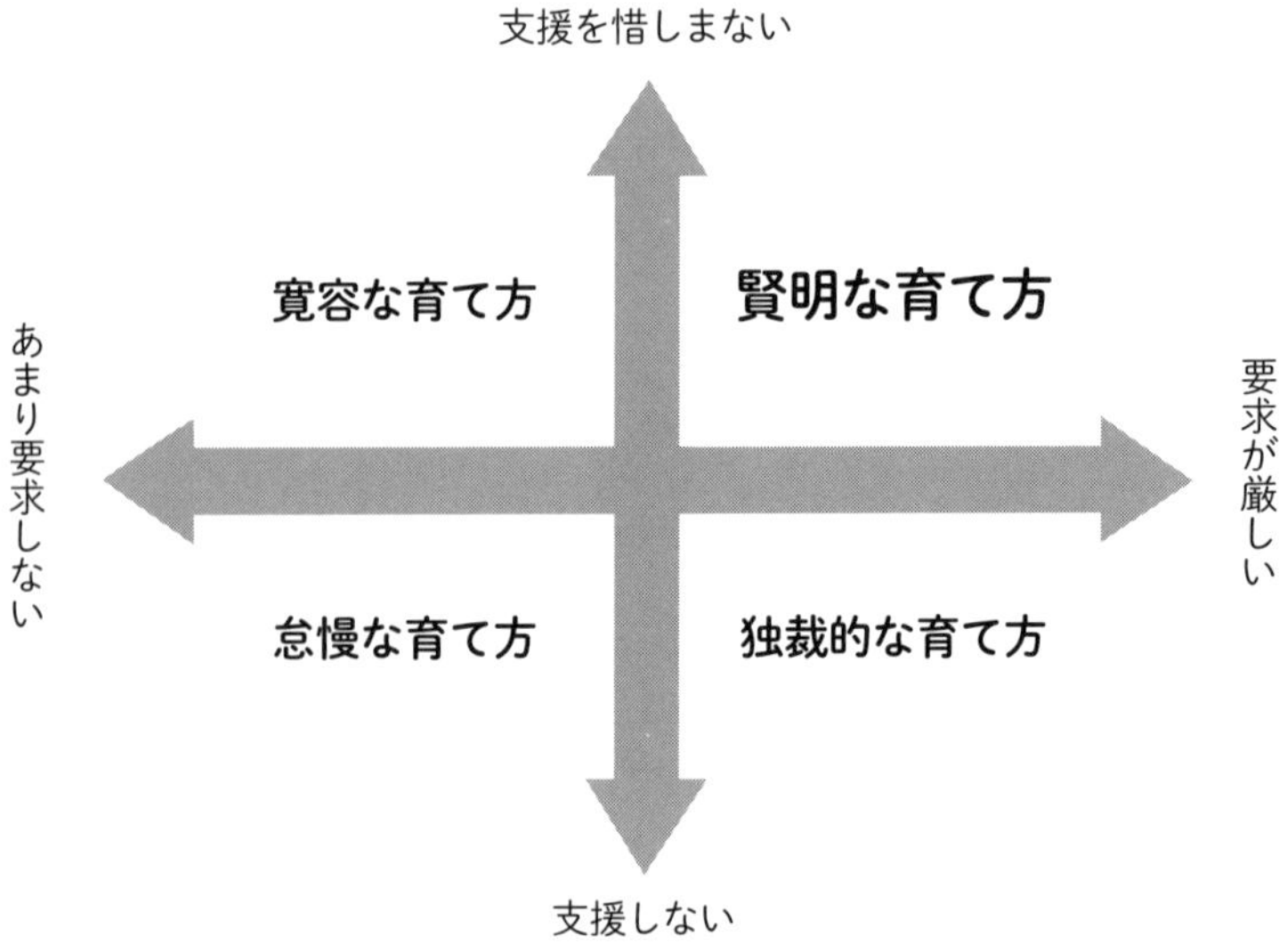

しないのです。

それを物語る斎藤家のエピソードがあります。たとえば夕飯時、一家は必ずお父さんが帰ってくるまで夕飯を食べずに待っていたそうです。

さらには、斎藤佑樹さんが中学3年のときには、当時流行っていた腰パンについてどこまでズボンを下げていいか家族内での議論があったそうです。結局、物差しを使ってどこまでOKか明確に測ったといいます。

斎藤一家は子どもの自主性を重んじながらも、良し悪しについて、家族で明確な基準を持っていたというわけです。これこそが「賢明な育て方」の好例といえます。


自分で決めたことには、自分で責任を取る年でしょう。世間ではあの子のことを宇宙人なんていっているようですが、宇宙人でもそのくらいなことはできますよ。

新庄文子（新庄剛志の母）

あの自由奔放な性格で知られる新庄剛志さんの母・文子さんの言葉です。

「子どもが何をすべきか」と道を示し、「どれくらい努力すべきか」そして「いつならやめていいか」を一緒に考えることはとても大事です。その際に、道徳的に大切なことなどはしっかりと伝えておくべきです。

一緒に考えた上で、**最終的な決断は子どもにゆだねる。**

自分で決めたことについては親がとやかく言う必要はないのです。

それよりも自分で決めたことにはしっかりと責任を持たせてあげることが重要なのです。

イギリスの文学者であるバーナード・ショーがこう言っています。

「自由は責任を意味する。だからこそ、たいていの人間は自由を恐れる」

自由に取り組むということは、そこに責任が生まれます。そのことは子どもにもしっかりと認識させることが重要です。

同時に、自由に行動させる親にも責任が生まれます。

この責任を負うのを怖がっていたのでは、子どもも親もずっと自由にはなれないのです。

子どもに伸び伸びと生きてほしいのであれば、「責任」という当事者意識を早い段階で持たせてあげ、また親自身もその責任をとる覚悟を持たなければいけないのです。

過去の自分と現在の自分をくらべてみる

ひと言に「努力が大切」といっても、具体的な「努力のカタチ」についてはだれもが悩む点だと思います。

なぜなら努力の正解なんてあってないようなものだからです。

それでも、一定の指針となるべき考え方はあります。

遼にもいつも「一年前といまを比べなさい」と言いつづけてきました。

石川勝美（石川遼の父）

史上最年少でプロゴルフツアー優勝、年間賞金王にも輝いた石川遼さん。一時はツアーシード権も失うほど成績が落ちましたが、２０１９年の日本プロ選手権で国内メジャー大会初優勝、見事な復活劇を演じました。

石川勝美さんの言葉はたいへん重要な気づきを与えてくれます。

子どもが必ず成長していると信じられるほどの練習を見ているからこそ、「1年前と比較しなさい」と言えるのです。

これは他人との比較によって手に入れる自信ではなく、自分で自分の能力に気づいて手に入れる自信です。

石川勝美さんがやっていることは、ある種のコーチングなのです。

それでは、そのときの努力のカタチとはいったいどんなものでしょうか？

いろいろなことを試すのを否定しませんが、何かを決めたら、しっかりと期日を決めて、一定期間やり続けることが重要です。

そうでないと、的確な効果測定ができません。

正しい努力の方向性を見定めるためにも、本当にそのやり方がいいのか、ある程度期間を区切ったかたちで振り返る検証作業が必要になります。

私はコーチングしている選手によく、過去の自分と現在の自分とをくらべてもらっています。

過去を振り返ってもらい、短い場合では1週間～3カ月くらい前の自分、長い場合では1年前の自分と今の自分とをくらべるのです。

努力の方向性を確かめつつ、何を達成したかを自覚してもらうために行なうのが、この振り返りです。

「この1週間（1年間）でどんな素晴らしい変化があった？」と聞いてあげてください。

ポイントは2つあります。

まずひとつは形容詞の「素晴らしい」です。「素晴らしい」抜きでこの質問をすると、子どもによってはネガティブな変化を答えてしまうことがあります。

あなたはどこに目が行きますか？

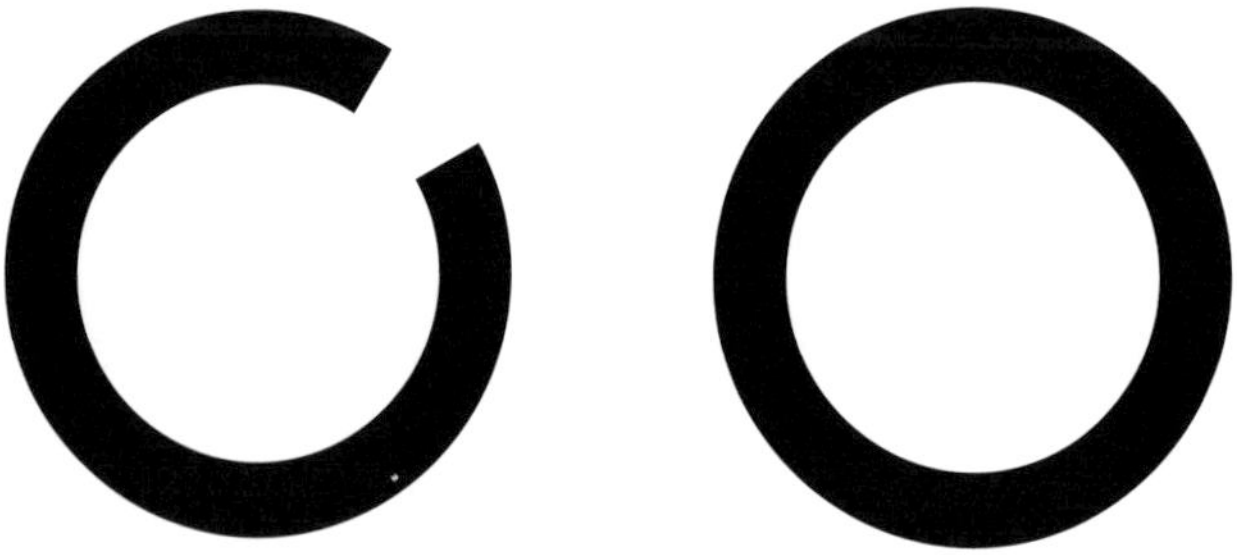

右のグラフを見てください。

どちらに目が行きますか？

おそらく円の欠けている部分に無意識に目が行ってしまうと思います。

人間の心理もこれと同じで、「足りていること」よりも「足りないこと」に目が行きがちなのです。

コーチング的にはできる限りよい方向に導く必要があるので、あえて「どんな素晴らしい変化がありましたか？」と聞くのです。

2つ目が「どんな」というオープンクエスチョンです。このオープンクエスチョンの対局がクローズドクエスチョンです。

このケースでクローズドクエスチョンでは「あれから素晴らしい変化はありましたか？」となります。この質問の答えは「はい」か「いいえ」に限定されてしまいます。小さな変化に気づいてほしいために行なっている質問なのに、答えに広がりがなくなってしまうのです。

子どもたちは自信がないのではなく、自信のタネを見つけられるような質問を浴びていないのです。

それでもなお、自分の変化に気づけないケースがあります。そんなときに行なってほしいのが**「小さな成長を見つけるワーク」**です。

ある柔道選手のケースです。実業団の柔道部に所属する彼は、自分のダメなところばかり探してしまう性格でした。彼自身は、ダメなところを見つけることは、自分がこなす課題を明確にするためのものと考えていました。

1回目のコーチングでも「何をやってもできるとは思えないんです」と言います。彼が日々つけていた練習日誌を見せてもらうと、「これではダメだ」「だからうまくいかない」など、自分を否定する言葉が多く書かれていました。

こういうノートだとせっかく見返しても、自分を否定するイメージが喚起されてしまいます。ノートを捨て、新しいものにしてもらいました。

まず行なったのが「小さな成長を見つける」という単純なワークでした。

新しいノートに1日1個でいいので、小さな成長を書いてもらいます。

その際、1つだけルールを決めました。一度書いた内容は次の日以降は書けないことにしてもらいます。これは、自分の基準を下げてもらうことが目的です。

一度書いた内容が書けなくなると、毎日必ず1つは新しい「小さな成長」を見つけなくてはいけなくなります。

　これがポイントです。こうすることで、必然的に「小さな成長」を探し続けることになるのです。

　彼は最初はノートに「奥襟《おくえり》の取り方がうまくなった」「足払いのタイミングがよかった」など技術的なことを記していましたが、徐々に「精神的に前向きになれた」「リラックスして取り組めた」などメンタル部分を記すようになっていきました。

　さらには「後輩に丁寧に指導できた」「座礼がきれいにできた」などと書くようになっていきました。

　じつはこれこそが私が意図したところでした。彼は毎日、自分の「新しい小さな成長」を探し続けた結果、今までは気にもしなかった点にまで目を向けるようになったのです。

　このように、どんな人にとっても、毎日の中に必ず「小さな成長」が存在します。それに目を向け、気づかせてあげるのも親の役割なのです。

「自分は成長していない」を突破するために

「小さな成長」に気づくことができると、「自己効力感」を高めることができます。

自己効力感とは自信のようなものです。

「自分ならできそうだな」「自分なら乗り越えられる」など、ある状況においてや場面における可能性の認知のことで、「セルフ・エフェカシー（self-efficacy）」とも呼ばれています。

自己効力感が低いと、「どうせ無理」「やっても意味がない」といったネガティブな状態を作ることになります。

自己効力感を高めるために重要なのが「達成経験」です。他人の達成を見たり、自分の達成をイメージしたりすること以上に自分で達成を経験することが最善なのです。

この達成経験をしっかりと見つめ直すことが私は特に重要だと思っています。

私がかつてサポートしていた陸上7種競技の選手の話です。

陸上競技はつねに自分自身と向き合うスポーツです。自分との闘いであり、結果のすべての責任が選手本人に降りかかる過酷さがあります。彼女は小学校、中学校までは、練習したら必ず自分の結果につながると信じていたと言います。

ところが、高校に入学したころから、成績が伸びなくなります。記録自体は伸びているのですが、周囲の伸びがより速いため、努力してもなかなか勝てなくなってしまったのです。

努力が足りないと思い、ガムシャラに練習を積み重ねたそうですが、結果はなかなかついてきてくれません。

そのまま社会人になってからは仕事と陸上競技とのかけもちになります。練習環境自体はよくなったそうですが、練習に割ける時間は学生のころにくらべ格段に減ります。さらには食事管理もどうしても徹底できない状況が続きます。

さらにはケガが重なり、競技自体の引退も真剣に考えていました。私と出会ったのはそのタイミングでした。

私は彼女に「達成経験」を洗い出す作業を提案しました。

どんな小さなことでもいいので、自分にとって「成功したこと」や「自信になったこと」をノートに書き出してもらいます。

競技を始めた年数までさかのぼり、具体的に、ほんの小さなことまで徹底的に洗い出してもらいました。

周りの知り合いに伝えたら小馬鹿にされるような内容でもかまいません。人とくらべず、自分の自信になった項目を書き出していくのです。

そして、彼女には、自分の気持ちが下がったと感じたときには、この「達成経験」を読み返すように伝えました。これにより、彼女は「自分はこれだけのことができたのだ」と再認識することができるのです。

その数カ月後、彼女は自己ベストを更新することができました。

もちろん、好記録の土台には、彼女の才能や日ごろの努力、周囲のサポートもあったはずです。

しかし、どれだけの才能があっても、どれだけの努力を積み重ねても、それを発揮するために必要なメンタルが備わっていなければ、競技において結果を生み出すことはできないのです。
彼女にとってその最後のピースこそが「自分ならできる」という自己効力感だったのです。

失敗はすればするほどいい

前述したとおり、子どもたちが成長していくためには必ず必要な失敗があります。
しかし、その失敗を奪ってしまうのが近くにいる大人の存在でもあるのです。

落ちたら受け身をとれよ。まっすぐ落ちるな、手を開いて落ちろ。何かしら引っかかるから、草木があるから。

辰吉粂二（辰吉丈一郎の父）

ボクシングの世界で頂点を極めた辰吉さん。

幼少期は壮絶ないじめの経験もあったという辰吉さんを男手一つで育てたのが辰吉粂二さんです。

粂二さんは辰吉さんが池に遊びにいけば「落ちたら泳げよ」と教え、バイクで転倒しても「なるべく受け身をとれ」と話し、山奥で転倒したら「なるべくバイクのハンドルは握っておけ、離すと谷底落ちてしまうから」と声をかけたそうです。

ふつうなら、「落ちるから行くな」「ケガするからやめろ」とリスクを見越して子どもの行動を制限しようとするものです。

しかし、そうではなく、粂二さんは失敗を見越した上で、その際どんな行動をとったらいいかをつねに示し続けたのです。

野球の神様と呼ばれたベーブ・ルースは数々の悪行により、7歳から19歳までを更生施設ですごします。

一見すれば人生の大きな汚点でしょう。

しかし、この更生施設でルースの人生を劇的に変える出来事があります。

それが、マシアス神父との出会いでした。

マシアス神父は、ルース少年に野球のルールや、打ち方、守り方を教え、野球の楽しさを伝えたのです。

人生を振り返り、更生施設に入ったという事実だけを切り取れば、「失敗」という烙印が押されるでしょう。

しかし、この世に生を享けてから亡くなるまでのベーブ・ルースの生涯を眺めてみると、更生施設における数年間が人生を劇的に変えるチャンスだったといえるのです。

「失敗」の瞬間はどんな人にとっても大きな痛手です。それによって一生がダメになってしまったような感覚になることもあるでしょう。

しかし、**長い人生を振り返った際に、あの「失敗」があってよかったと思えることが必ずある**ものです。

人間なんだもの、失敗することがあってあたりまえじゃないの。同じ失敗を二度しなければいいんだからクヨクヨしないで。カズさん

はカズさんらしくやればいいのよ。

三浦由子（三浦知良の母）

サッカー界のスーパースターのお母さんも失敗には寛容でした。

「失敗は成功の元」と言われます。最新の科学でそれを裏付けるユニークな実験が行なわれました。

東京大学の池谷裕二教授らの研究グループは、多数の選択肢がある迷路をマウスに解かせて、学習の初期により多くの失敗をしたマウスのほうが、素早く最短経路を見いだすことを明らかにしたのです。

行なわれたのはマウスによる迷路学習の実験です。

スタートからゴールに到達する経路が7通りある迷路を用意し、マウスが最短ルートを学習するのに何日かかるかを実験します。途中で迷路の一部を閉鎖したり、開放したりして、迷路をより複雑にして実験を重ねます。

複数のマウスで実験した結果、どのマウスも3〜18日で最短ルートを見つけることができましたが、行き止まりにはまり込んだマウスほど、最短ルートを早く見つけだしたことがわかりました。さらに、初期に多様な間違いをたくさんしたマウスのほうが、最短ルートや効率的な迂回路を見つけられたといいます。失敗しなければ成功するために必要な学習が生まれません。人間も失敗を重ねる中で、成功にたどり着くルートを自分なりに見つけだすのです。

そして、失敗を重ねることで心理的な成長も生まれます。

親御さんが失敗の機会を奪うことは、成長の機会を奪うことにつながっているのです。

子育てにおいては、育てる側のメンタルもつねに試されるものなのです。

損得抜きにバックアップする

指導者の方がよく口にするセリフで、「失敗を続けると負け癖がつく」というものがあります。

私は決してそうは思いません。**本当の失敗とは「負ける」ことではなく、「行動できなくなる」こと**だと思うからです。

そして何よりもサポートする人が子どもにとっての成功のゴールをどこに設定するかで接し方は変わると思います。

競技だけの成功を望むのか？

生涯を通じての幸せを望むのか？

この価値観によって、子どもが経験する挫折に対する捉え方は変化するはずです。

わたしは親の強みというのは、最後はその部分にあると思います。損得を抜きにして、バックアップできるかどうか。愛情の強さとは、こういう部分に表れるのではないでしょうか。

福原千代（福原愛の母）

この章を締めくくる上で卓球・福原愛さんの母・千代さんの言葉を紹介します。

私は福原愛さんのお母さんの言葉を通じて「結局は愛情に尽きる」ということをお伝えしたいと思っています。

それは過保護な愛情ではなく、子どもの未来を考えた上で、親として何ができるのかについて考え抜いた末での愛情です。

「損得抜きで行動できるか？」

そして、「だれよりも子どもを信じ抜く気持ちを持っているか？」

それこそが挫折に向き合うわが子を救うために必要な、親としてできる最初にして、最大の行為ではないかと思います。

この章でのワーク

❶子どもを一人前に導くため、親にとってふさわしいふるまいはどんなものか、具体的に考えてみてください。

❷子どもの未来を信じられる理由を5つ以上あげてください。

解説

❶子どもに心理面での成長を促すための手段や情報は世の中にあふれています。
しかし、その手段を扱う人のメンタルが、子どもを成長に導くのにふさわしいものでなかったら、本当の意味で子どもに変化を促すことはできません。

子どもの変化を促すためにも、まずは自分自身のありよう、ふるまいを省みていただきたいと思います。

❷すべての土台は子どもを信じることです。
その理由をできるだけたくさん見つけてください。

「努力しているのを見ているから」「コーチに褒められたから」「一緒に頑張っているから」等々、どんな小さなことでもかまいません。

子どものことを信じ切る、最後にして最強の味方でいてあげてください。

(Chapter 3)

子どもが生まれ変わる言葉

思い込みのフタ——閉じ込められる選手たち

年間でのべ1000人以上のアスリートに会う中で、一瞬にして変化する選手がいます。しかも、その変化は何気ない言葉のやりとりの中で突然やってきたりするものです。

その反対に、何気ない言葉によって自分の能力にフタをしてしまっている例もたくさんあります。

言葉が人間に与える影響は、私たちが思っている以上に大きいのです。

実際に私が直接聞くことのできた事例を3つほど紹介します。

▼事例①：センスがない

Jリーグのユースチームで活躍するA君の話です。

彼は親御さんの誘いで私が主催しているセミナーに参加しました。A君はこうしたセミナーに参加するのは初めてで、慣れない環境に戸惑いながらも熱心に話を聞いてくれました。最初は、自信がなさそうにふるまっていました。しかし、セミナーが進むにつれてリラックスしていくのが伝わってきました。

しかし、その表情がセミナー後の質疑応答における親御さんの質問で一転します。

「うちの子、センスがないんですが、どう改善したらよいでしょうか?」

質問の内容にビックリしました。Jリーグのユースでプレーしている選手のセンスがないとはどういうことでしょうか?

私は「なぜ、センスがないと思っているのでしょうか?」と、親御さんと彼に尋ねました。

すると、彼は「コーチからよく『お前はセンスがない』と言われるので……」と答えてくれました。コーチに何度も言われることで、自分自身も親御さんも本気でセンスがないと思い込んでいたそうです。

しかし、センスがないのに、Jリーグのユースチームに入れること自体が不思議です。

私はさらに彼に「センスとはどんな意味で使っているのですか?」と聞きました。

彼はしばらく考えたあと、「うまい選手かもしれません」と自信なさげにつぶやきました。

「本当にそうでしょうか。指導者の方にセンスの意味とは何かを聞いてみてはいかがですか？」

私は親御さんと彼にそう伝えました。

後日、彼が教えてくれたことによると、彼の問いに対して指導者は、サッカーでのセンスとはとっさの判断力だと語ったそうです。

彼は指導者から言われ続けた「センスがない」という言葉を、その意味もよくわからないまま自分にレッテル貼りしていたのです。

▼事例②：メンタルが弱い

バスケットボールで頑張る高校生の話です。中学時代はチームの得点王として活躍し、多くの高校からスポーツ推薦の誘いがありました。地域のスーパースターであった彼が進学先に選んだのは県内でも有数の強豪高校でした。同校の監督はバスケットボールの指導者として全国的に有名で、全国大会に何度もチームを導いていました。

彼がチームに加入して半年ほどで気づいたことがありました。それは、使われる選手と使われない選手がはっきりと区分けされていることです。

どんなにミスをしても使われ続ける選手がいるのに、たった一つのミスで試合から外され、そのまま使われなくなってしまう選手がいたのです。

彼は努力を重ね、1年の終わりにはレギュラーを狙えるところまでいったのです。そんなとき、監督が練習後に後片付けをしている彼にこう言ったそうです。

「お前はメンタルが弱い」

奮起を促すためか、プレーに不甲斐なさを感じたのか、その真意はわかりません。しかし、この言葉をきっかけに、彼は極端にミスを恐れるようになります。レギュラー獲りを目前にして、ミスをしてメンバー入りを逃すことが怖くなったのです。

持ち味だった大胆なドリブルが影を潜め、プレー全体も委縮するようになってしまったそうです。

するとまた監督は彼にこう言ったそうです。

「やっぱりお前はメンタルが弱い」

いつしか彼は監督に見られることに非常なプレッシャーを感じるようになり、バスケットボールをプレーすることさえ苦痛になってしまったのです。

▼事例③：ガラスのハート

高校野球で活躍したピッチャーの話です。

身長が高く、左利きで中学校時代から将来を期待されていました。クラブチームの指導者は「左を制するものは世界を制する」と繰り返し彼に言ってきかせました。そのときには、彼は身長の高さと左利きであることに絶対の自信を持っていました。

しかし、彼にはある問題がありました。それは調子のバラつきです。

よいときはとことんよいのですが、悪いときはストライクがまったく入らなくなるのです。調子のよさが表情にも現れ、絶好調のときには悠然としているのに、一度調子を崩すとキョロキョロする仕草が止まらなくなります。

その仕草を見た中学校のクラブチームのチームメイトたちは、彼のことを鶏の雛に見立てて「ピヨってる」と揶揄したといいます。彼もこれは仲がいいからこその冗談だと理解していたそうですが、調子のバラつきは高校入学後も変わりませんでした。

そんな彼は高校のチーム内では「ガラスのハート」と呼ばれたそうです。

中学校でも高校でも心のモロさを指摘され続け、彼は自信を失っていきます。

高校の監督は「自信を持て」と激励してくれたそうですが、それでも結果が悪いとすぐに「ガラスのハート」と言われました。

彼は練習では周囲も驚くボールを投げるのに、いざ試合になると、投げてみないとその日の調子がわからない選手になっていきました。

人一倍責任感が強かった彼は、チームに迷惑をかけるのであれば試合には出たくないと思うようになりました。


これらはすべて私が本人たちから聞いた実話です。

話を深く聞けば聞くほど、周りからの影響をそのまま受けてしまった素直な子だということに気づかされます。

素直だからこそ、周りの声をそのまま受け止めてしまうのです。

その結果、彼らは周囲に決めつけられたとおりの自分を演じるようになってしまったのです。

このように周りからの言葉で自分自身を作り上げてしまうことを、私は**「思い込みのフタ」**と表現しています。

よい思い込み、悪い思い込み

思い込みがすべて悪いわけではありません。

重要なのは何を思い込むか？　それによって結果が大きく変わってしまうのです。

ドイツのケルン大学で行なわれた実験です。

実験の参加者全員にパターゴルフをしてもらいました。その際に半数の人には「あなたが打つボールは幸運のボールです」と伝えます。残り半数の人たちには何も伝えません。

「幸運のボール」だと伝えられた人たちは、10球のうち平均6・75球をカップインさせました。

これに対し、何も伝えなかった人たちのカップインは10球中平均4・75球でした。「幸運のボール」だと知らされたグループは35％もカップインを成功させる確率があがったのです。

その後、「幸運のボール」という説明を受けてパッティングに成功したグループに「あなたが打ったのは、じつは幸運のボールなどではなく、何の変哲もないふつうのボールでした」と伝えたところ、続いて行なわれたパットの成功率は平均レベルまで低下してしまったのです。

このように思い込みの力によって、能力が引き出されたり、引き出されなかったりするわけです。

ということは、**この思い込みの力を使えば、よいほうにも悪いほうにも自分自身を変化させることができる**といえます。

「才能がない」と言われ続ければ、素直な子ほど「自分は才能がない」と思い込み、本当の才能にフタをしてしまうでしょう。

逆に「才能がある」と幾度も伝え、そう思い込ませられれば、そのとおりになってしまうかもしれないのです。

自分自身に対するイメージは周りからの評価が大きな影響を与えます。
真剣にお子さんの能力や可能性を信じてあげられるか？
親御さんがお子さんをどのように思うかが、子どもの未来を大きく変えるのだと私は思っています。

確かにイチローには持って生まれた天分というものがあり、それを、さまざまな人との出会いによって、さまざまな人がうまく開花させてくれたということになろう。だが、まずは第一に親である私が最初にその才能を見出し、信じたのである。何も自慢したいのではない。親というものは、子どもの才能の第一発見者なのだと言いたいのだ。

鈴木宣之（イチローの父）

私はイチローさんのような偉大なスターをサポートしてきたわけではありません。

しかし、スター街道を一気に駆け上がっていく選手の多くの親御さんが、わが子の活躍を信じきる理由を持っていると感じています。

ここで一番伝えたいのは「期待すること」ではありません。「信じ抜くこと」です。

何気ない言葉の違いですが、私は大きな違いだと思っています。

「期待する」と「信じ抜く」にどんな違いがあるのでしょうか？

「期待する」という言葉にはよい結果を求めるという意味が含まれています。

これに対し、**「信じ抜く」**はただ信じてるだけなのです。

私も選手をサポートする際、「期待している」という言葉はあまり使いません。

「結果を出せると信じています」であったり、「結果が出ると祈っています」と伝えるようにしています。

「期待している」という言葉は、結果を出すことを包含していて、この言葉をプレッシャーに感じてしまう選手が多いのです。

イチローさんの父・宣之さんが語っているのも、才能を見出し、信じることです。

私の場合は、選手を信じ抜けるくらいまで、徹底してサポートすることに全力を傾けます。

ここまでやったからこそ勝てると、選手を信じ抜ける状態を作るのです。

結果はコントロールできませんが、過程はコントロールできます。

過程をどこまで突き詰められるか、その姿勢が信じる気持ちを芽生えさせてくれるのです。

「信じ切る」とはどういうことか？

私は自信がある人とそうでない人の違いを「家の屋根」にたとえて選手に伝えています。

自信という屋根は柱によって支えられています。自信という屋根を支えるのに、どれだけの柱が必要になるでしょうか？

そして、もしこの屋根を支える柱が１本しかなければどうなるでしょうか？

ちょっとした揺れや風で屋根は一気に崩れてしまうでしょう。

反対に、屋根を支える柱が10本あったらいかがでしょうか？

どんな揺れが来てもびくともしないはずです。

このように揺るがない屋根＝自信を持つためには、それを支えるためのいくつもの柱が必要なのです。そして、その柱というのが「理由」です。

「あれだけの練習をしたから」「練習中に自分なりのコツをつかんだから」「このところ好調が続いているから」……。

こうした理由が、自信を支える根拠になります。その理由は多ければ多いほど、そして太ければ太いほど、支えられる自信は強固なものになります。

そして、忘れてはならないのは、周りからの声です。周りが自分のことをどれだけ信じてくれているか？　それも自信の柱になるものです。

しかし、多くの選手はさまざまな理由により、この柱が弱くなり、時に折れてしまうことで、自信という屋根が崩れてしまいます。

たとえば、試合で失敗したこと、やる気が出ず練習ができなかったこと、そして周りからの「メンタルが弱い」などの言葉によって、柱にヒビが入って、場合によっては折れてしまうのです。

子どもはとても狭い世界観の中で生きています。視野の広さを持てと言われても経験がどうしても足りません。そもそも生きてきた年数がまったく違うのだから仕方ありません。

だからこそ、周りからの意見はとてつもなく大きな力があるのです。その言葉の力によって、自信という屋根を支える柱が傷つけ、弱められているとしたらどうでしょう。

親やコーチは、自信の屋根を支えるための、しっかりした柱を、数多く育ててあげることが重要なのです。

その子自身が努力したことについて褒めてあげることではないかと思います。良い行動をしたら後から褒めるのではなく、その時に褒めてあげること。

澤満葦子（澤穂希の母）

日本の女子サッカー界を長らく牽引してきた澤穂希さん。２０１１年、東北大震災によって日本中が落ち込むさなかにW杯優勝、日本中に歓喜と活力をもたらしました。

澤さんの母・満葦子さんの言葉は、自信を支える柱づくりのヒントに満ちています。

彼女は褒めることの意味＝自信を支えることをしっかりと理解されていたのだと思います。

１章でも述べたとおり、褒め方によってその後の行動パターンが変わっていくことがわかっています。その中でも努力した過程を褒めることが、結果を褒めること以上に大事なのです。

結果というのはその時々によって、絶えず変化するものです。実力や予想以上の結果が出ることもあれば、実力や予想以下の結果が出ることだって当然あります。実力では相手を上回りながら、負けることがあるのがスポーツの世界です。素晴らしい結果もあれば、残念な結果だってあります。

だからこそ、満葦子さんは、結果に焦点を当てるのではなく、過程に焦点を当て、**「努力したことについて褒めてあげる」**と語っているのでしょう。

また、その場、そのときに褒めることを推奨しています。

ノースキャロライナ大学の教育研究者ドーソン・ハンコック氏が行なった実験によると、すぐに褒めると褒められた行動がより持続することがわかっています。

ハンコック氏は実験参加者を2つのグループに分け、トレーニングへの自発的な取り組みを比較する実験を行ないました。

▼Aグループ：トレーナーが積極的に実験参加者たちを褒める
▼Bグループ：トレーナーが実験参加者たちをいっさい褒めない

トレーニングが終わったところで、参加者には自宅で任意に取り組むトレーニング課題を与えます。

そして後日その課題に取り組んだ時間を集計しました。その結果、

▼Aグループ：課題への取り組み時間平均46・8分
▼Bグループ：課題への取り組み時間平均34・7分

A、Bグループ間に、約12分間の差が見られました。

トレーニング中に褒められたグループのほうが、自宅に帰ったあとも自発的に課題に取り組む時間が長いという結果になったのです。

すぐに褒めてあげることで、褒められるべき行動がより相手に定着するのです。

また、すぐ褒めることの効能は、その場で理解してもらいやすいという点です。

私たちの記憶は本当にあやふやなものです。何も考えずに行動していたら数秒前の行動を記憶しておくことも難しいでしょう。まして一生懸命にプレーしている子どもにとってその一瞬の出来事は覚えていないことのほうが多いのです。

継続的に褒める習慣があれば、あるとき自然と伝わるタイミングがやってきます。

そのときのための準備期間だと思って、継続的に「その場で褒める習慣」を大事にしてほしいのです。

そして、同時に自分の褒め方はどうであるか、考えていただきたいと思います。いつも同じところを褒めていないか、相手に届く褒め方をしているかなど、振り返ってみてください。

脳には馴化《じゅんか》という仕組みがあります。継続的に同じ刺激を受けると脳が慣れてしまうのです。

ひと言で褒めるといっても、**褒める内容やタイミングにバリエーションをつけることも大切です**。

たとえ競技を知らなくてもいいのです。観察することで見えてくるものは必ずあります。

あるゴルフ選手はミスショットしたあと、必ず下を向きながら歩いていました。私はそのことに気づき、意識的に上を向いて歩くようにしてもらいました。うまくいかないから下を向くのではなく、下を向くからうまくいかないのです。

次にその選手のプレーを観察した際、彼女はミスショットのあとも前を向いて堂々と歩いていました。

そこで私は、「あのホールで、ミスショット後のふるまいはすごくよかったよ！

今までは絶対に下を向くところを上を向いて堂々と歩けていたね！」と伝えました。

褒めるのはこうしたことでも全然かまわないのです。

過程を褒めるとなると、何か特別なことを探そうと思いがちですが、何か少しでもできればいいのです。最初はそれくらいの気持ちでいいのです。

まずは褒めることを習慣化してください。そして、次のステップとして褒めるバリエーションを増やす努力をされることをお勧めします。

選手が持つ「自信の屋根を支える柱」を太く、強くしてあげてください。親御さんの言葉はそのためのチカラにきっとなるはずです。

結果を残せなかったときの褒めポイント

ひと言で「褒める」といっても、褒め慣れていない人にとってはどうやったらいいか、難しいものがあるはずです。

特に試合で結果を残せなかった子を褒めるのは難しく感じる人もいると思います。

しかし、コツをつかめば、どんな試合でもどんな状態でも褒めることができます。たとえ、試合に負けたとしても褒めるべきポイントはあるのです。

「試合で負けたのは○○がいけなかったから」というのは親御さんの解釈でしかありません。

解釈とは一つだけにとどまらず、いくつも作り出すことができます。

「負け試合でも仲間を鼓舞し続けたのが素晴らしかった」

「後半もずっとボールに集中していたのがすごい」等々。

立ち位置が変わると見え方が変わることが多々あります。親御さんには、幅広い視野に立って、新たな解釈を見つけていただきたいのです。

そして、**褒めるときには、できる限り肯定語を使ってほしい**のです。

「ミスしないのがよかった」のではなく、「思ったとおりにプレーできたのがよかった」です。

否定形を含む言葉を使うと、無意識にミスや失敗のほうに目が行きがちです。

褒める際は、肯定的に何がよかったのかについてちゃんと言葉を選んで伝えてほしいのです。

単に勝ち負けだけでなく、「あそこがよかった」「ここが弱かった」と話し合える。そういうコミュニケーションのあり方が、レスリング以外の親子のあり方、子どもの教育にもプラスに働いているように思えました。

吉田幸代（吉田沙保里の母）

女子レスリング55キロ級日本代表としてオリンピック3連覇、世界大会16連覇、個人戦206連勝などの記録を持つ吉田沙保里さん。

そんな吉田さんは幼いころ、いったん泣き出すと火のついたように泣き続ける子であったとお母さんの幸代さんが話しています。

そんな吉田さんに対して、幸代さんは**「『負け』は試練ではなく、神様からのプ**

レゼント」など、負けを通じて強くなることを繰り返し言ってきかせた、と著書に記されています。

幸代さんの言葉からは「結果」や「勝敗」にだけフォーカスするのではなく、「過程」や「練習」にも焦点を当てつつ、コミュニケーションをしっかりととっていく様子が読み取れます。

さらに、そのことが競技においてだけではなく、親子関係そのものにもプラスに作用するというのです。

「褒める」という競技を通したコミュニケーションは、親子関係自体によい影響を与えてくれるわけです。

「嬉しい!」「楽しい!」を原動力にしよう

行動心理学において、「パブロフの犬」という有名な実験があります。

犬にエサを与える際、必ずある音を鳴らします。この行為を繰り返すことで、最終的には犬は音を聴いただけでヨダレが出るようになりました。

これは、音（条件刺激）に対して、ヨダレ（条件反射）という反応が起こったことを意味します。

これは犬に限ったことではなく、人にも同じことが言えます。

たとえば、人の記憶は感情と密接に結びついています。嬉しい、悲しいといった感情をともなうシーンはよく記憶しているものです。

そして、心が震えるくらい「嬉しい！」「楽しい！」という瞬間を作ってあげられると、人はその体験を何度も繰り返したくなるものです。

競技の中で「楽しい」という感覚を植え付けることができるかどうかはポイントになります。


野球の才能があるだけじゃなくて、野球が好きという気持ちがずっと持続している人がプロに行けるんでしょうねえ。どんなに才能があっても、野球が嫌いになったら終わりですから。

上原隆二（上原浩治の父）

上原浩治さんは読売ジャイアンツに入団、その後メジャーリーグに挑戦し、日本人として初めてワールドシリーズの胴上げ投手にもなりました。

上原さんの父・隆二さんは著書の中で「夢中になれるものを作ってあげるのが親の務め」とも語っています。結果へのこだわりよりも、その著書からは幸せな人生を送ってほしいという気持ちがにじみ出ています。

「好きこそものの上手なれ」という言葉があるように、「好き」という感情が土台にあれば、競技を行なう上で大きなプラスになります。好きという感情によって、練習や努力さえ当たり前になるものです。

私は子どものころ、プラモデルやミニ四駆に熱中しました。当時の私は完成させることよりも、完成形を作るまでの過程にもっとも胸を躍らせていました。それと同じく、幼少期からプレーした野球でも、つねに結果を求められてプレーしていた高校時代よりも、上達を感じながら練習に一生懸命取り組んでいた小学校時代がもっとも楽しかったことを思い起こします。

夢中になって取り組めるものは、すべて過程が楽しいと思えるのではないでしょうか。私も野球において、小学校時代ほど自分自身が成長を実感できた時間はなかったと思います。

「子どもは楽しい記憶をたくさん与えてくれる人を好きになります。好きだという感情が芽生えると、それが次第に憧れに変わっていきます。すると今後は、憧れの存在に近づこうと子どもは努力を始めるでしょう」（『才能の育て方』加藤俊徳、小学館）

「楽しい」という感覚を持たせてあげることは非常に重要なことです。

人生を切り開く「自己決定感」

国際連合の持続可能開発ソリューションネットワークは毎年「世界幸福度報告」というレポートを発行しています。これは、自分の幸福度が0から10のどの段階にあるかを調査し、世界各国を幸福度をもとにランク付けしたものです。

２０１２年に第１回目のレポートが出され、日本はしばらく40位台をキープしていましたが、２０１０年代後半に50位台に転落、２０１９年には過去最低を記録しています。

幸福度に影響を与えている要因としては、「所得」「学歴」「健康」「人間関係」など、さまざまな理由が考えられていました。そして、最近では「所得水準」と幸福度が必ずしも相関しないことが指摘されるようになってきました。

神戸大学社会システムイノベーションセンターの西村和雄特命教授と同志社大学経済学研究科の八木匡教授は、国内２万人に対するアンケート調査をもとに、「所得」「学歴」「自己決定」「健康」「人間関係」の５つの要因について、それぞれどのくらい幸福感と相関するかについての分析を行ないました。

自己決定度を評価するにあたっては、「中学から高校への進学」「高校から大学への進学」「初めての就職」について、自分の意思で進学する大学や就職する企業を決めたか否かを尋ねました。

すると、幸福感に与える要因では、１位の「健康」、２位の「人間関係」に次いで第3位に「自己決定」が影響することがわかりました。幸福感について、「所得」や「学歴」よりも「自己決定」が強い影響を与えていたのです。

これは**自ら進路を決定した人**（＝自己決定権を持った人）**は、より幸福を感じやすかった**ということになります。

自ら決定して達成することで、自尊心が高まり、それが幸福感へとつながったと考えられます。

子どもの行動や進路について、親があれこれとレールを敷くのではなく、**子どもにまかせる姿勢が子どもに幸福感を得てもらうためにも重要**だということです。

私も子どもたちから進路などで相談を受けたことはありません。事後報告、事後承諾ですかね。子どもたちが「こうすることにしたから」と言ってきたら、「そうか。ほな、がんばり。ケツ割ったらあかんで」言うぐらいです。

上原隆二（上原浩治の父）

活躍していく選手には自分の道を切り開く力が必ず備わっています。上原隆二さんはわが子の自分の道を開く力をはぐくむ子育てを無意識のうちにされていたのでしょう。

前述の言葉は受け取り方によっては、子どもに無関心と思われそうです。しかし、関心を持ちすぎ、干渉しすぎることが子どもに及ぼす悪影響をわかっていたのかもしれません。

著書からは、事後承諾でも子どもが決めたことであれば有無を言わず子どもを信じ抜こうという気概が感じられます。

私がコーチングしている中に、まさに「親の夢を託された」と表現していい選手がいました。

その選手は生まれたときから、親によってある競技についての英才教育を施されてきました。親は子どものために競技のコーチだけでなく、専門のトレーナーや栄養士まで雇いました。

その選手は試合でもそれ相応の結果を残してきました。そして現在、その競技においては日本を代表する選手に成長しました。

しかし、今でも結果を残せないといつも親に叱られています。

アマチュア競技なので親がスポンサーのようになっていて、親の言うことが絶対なのです。

競技者としては一流といってもいい立場にあるのに、成人しても社会的には自立できず、親なしでは生きられない状況です。

この選手のケースは非常に稀だと思います。しかし、この選手と似たようなケースが増えてきているような気がします。

親の言いなりのようなかたちで進路が決められていく選手に接すると、心が苦しくなることがあります。

選手のメンタル面のサポートだけに留まらず、親御さんへのアプローチが急務だと感じる瞬間です。

小さな変化を積み重ねる

イギリスの自転車競技における「小さな変化」の話です。

イギリスの自転車競技は1990年代まで過去100年間でオリンピックで金メダルを獲得したのはたったの1回という冬の時代が続いていました。

しかし、自転車選手としては平凡で、引退後MBA（経営学修士）を取得したデイヴ・ブレイルスフォードが監督に就任して状況は一変します。

「1997年、イギリスの自転車競技連盟ブリティッシュ・サイクリングに、彼がアドバイザーとして参加した当時、連盟に所属するトラックレースのオリンピック選抜チームは、お世辞にも強いとは言えなかった。しかし3年後の2000年、シドニーオリンピックでイギリスは初の金メダルを獲得。そして、ブレイルスフォードがパフォーマンス・ディレクターに就任した翌年の2004年には、ふたつの金メダルを獲得。2008年にはその数が8つにまで増え、さらに2012年にも同じく8つの金メダルを獲得した」（ウェブサイト「Chariyorum」コラム「自転車界を変えたスカイのマージナル・ゲインとはなにか？」）

ブレイルスフォードが実際に行なっていたのが**「小さな改善」**です。その仕組みを**「マージナル・ゲイン」**と言います。

では、チームを変革するため、彼らは具体的に何をしたのでしょうか？

それは大きな変化ではなく、些細な変化でした。

たとえば、サドルの高さの測り方、タイヤの摩擦係数、飲み物に応じたボトルの色の変更など、ごく小さな変化を積み重ねたのです。

「壮大な戦略を立てても、それだけでは何の意味もないと早いうちに気づきました。もっと小さなレベルで、何が有効で何がそうでないかを見極めることが必要です。たとえそれぞれのステップは小さくても、積み重なれば驚くほど大きくなります」（同前）

実際に行なったこうした小さなことの積み重ねが、長い目で見たときに大きな結果をもたらす最高の方法になりました。

小さな変化を達成した際、私たちの脳内ではドーパミンが発生します。

ドーパミンは、中枢神経系に存在する神経伝達物質で、ホルモン調節、快の感情、意欲、学習などに関係しています。「やる気」にもドーパミンが深く関与していることは科学的にも実証されているのです。

つまり、小さな変化を達成するたび、脳内ではドーパミンが分泌され、やる気を喚起し、それが次なる小さな変化の達成につながり……というサイクルに入ることが可能です。

ブレイルスフォードがそうしたように、小さな変化を積み重ねることにより、大きな目標の達成につなげていくのです。

私は「あなたの育て方でいいんじゃないですか？　いっぱい愛してあげてください」としか言えません。あなただけのお子さん、同じ人間は絶対にいないのですから。

内村周子（内村航平の母）

本章は内村航平さんの母・周子さんの言葉で締めたいと思います。

生まれ変わる言葉を見つけるために何が必要なのか？

そのヒントになるのが周子さんのこの言葉ではないでしょうか。

この章のタイトルである「子どもが生まれ変わる言葉」について興味を持たれる方はとても多いはずです。

しかし、このときにこう言えば、必ず子どもが生まれ変わるという魔法の言葉はありません。

私たちはすぐに方法論を求めてしまいがちですが、万人にいつでも当てはまる方法論などありません。コーチングにマニュアルがないのと同様です。

あるとすれば、子どものことを愛し、子どものことを考える、親の真剣な気持ちです。

強い思いがあれば、それにともない自然と言葉も変化していきます。

大切なことは愛情を通じて感じた心の声に素直になることです。その先に「子どもが生まれ変わる言葉」が自然と見つかるのだと私は信じています。

この章でのワーク

❶自分が子どものころ、どんなことをされて喜んだか、どんな言葉をかけられて嬉しかったか思い出してみてください。

❷自分自身が人生でどんな困難に立ち向かい、どうやってそれを乗り越えてきたかを思い出してみてください。

解説

❶人はだれしも子どもでした。そんな当たり前の事実を、大人になると多くの人がすっかり忘れてしまうものです。

大人は喜ばせるつもりでも子どもは悲しんだり、大人は意識しない言葉でも子どもの心に突き刺さったりすることがあるものです。

ぜひ一度、自分が子どもだったころを思い返し、印象に残ったことや言葉を思い出してください。きっと今の子育ての参考になるはずです。

❷子どもが困難にぶつかったとき、子どもにとって一番響くのは親御さん自身の経験です。どんな困難を経験し、乗り越えてきたのか、それを子どもに伝えてあげてほしいのです。

子どもは親のことを知っているようで、じつは知らないことばかりではないでしょうか。困難を乗り越えた体験を思い出し、わが子に伝えましょう。

(Chapter 4)

本当の「子どものため」とは何か？

「ふつうの子育て」ってなんだろう？

どんな親御さんにとっても子育てに不安はつきものです。

子どものためにと思っての行動が意図せざる結果を招くことはよくあります。

だれにとっても子育ては何もかもが試行錯誤のはずです。

ましてや、わが子を一流のスポーツ選手に育てようと思えば、それはまったく海図のない海に漕ぎ出すようなものです。

不安は、もともとは危険を予知・察知して行動するための本能だと考えられています。だから、何もしないでいると不安が勝手に生じてくるのです。

ペンシルベニア州立大学のボルコベックらの調査によると、心配事の79％は起ることがなく、しかも残り2割のうちの16％は準備をしていれば対応できるものだと報告されています。

不安になってもいいのです。不安だから行動しないのではなく、**不安だからこそ**

できる準備の徹底が重要なのです。
そういった状態を抜け出すためにも今この瞬間からできることにフォーカスを当てて行動するしかないのです。

ある選手のお母さんから、子育てについてこんなメールが届きました。

＊

『〇〇ママはすごいよね。〇〇のために偉いよ』（著者注：〇〇は子どもの名前）
そんな言葉を言われました。その時、私は、何もすごくないし、何も偉くないし、〇〇のためにやっているわけではないよと思いました。私はただただ〇〇が選んできたことを信じて全力で応援し続けているだけです。
その時に感じたことがあります。それは〝ふつう〟です。そもそも〝ふつう〟って何？　ふつうのお母さんって何？　私はふつうのお母さんじゃないの？　そんなことを考えていたら、〝ふつう〟の定義って何だろうと思いました。

＊

もしかしたら、多くの方が考える〝ふつう〟という言葉の中に、多くの思い込みがあるのではないでしょうか。

また〝子どものため〟という言葉の中にも多くの思い込みがありはしないでしょうか？

〝子どものためにふつうは○○〟……こんなふうに思い込んで、無意識に自分自身に何かを強要してはいないでしょうか？

そもそも子供の教育を考えるということ自体、子どもに成功してほしい、自分よりよい暮らしをしてほしいという願いが親のほうにあることの証しだ。

アール・ウッズ（タイガー・ウッズの父）

数々の記録を打ち立てたタイガー・ウッズさんもここ数年は思うように結果を出せていませんでした。2017年には投薬の影響で運転マナー違反で逮捕されたりとゴルフ以外でメディアを賑わすことが増えていました。

しかし、2018年に正式に競技復帰し、2019年のマスターズで14年ぶり5度目の優勝を果たしました。

タイガー・ウッズさんの父アール・ウッズさんはベトナム戦争に従軍後、出会った妻との間にタイガーさんをもうけ、自分も42歳からゴルフを始めます。それまでやっていた野球や軍における後進指導で培ったノウハウはまるでタイガーを育てあげるために神が与えてくれたかのようだったと話しています。

アール・ウッズさんは、子どもに対する教育の根源には親の願いがある、と語っています。

これはだれにとってもそのとおりだと思います。親はわが子のためを思って、教育するのです。

ところが、それが過剰になりすぎたとき、ひずみが生まれます。

選手がよくつらいと訴えることのひとつに「過度な期待」があります。「批判がつらい」というのと同じくらい「期待されるのがつらい」という言葉を聞くのです。彼ら彼女らにとっては「期待しているよ」という言葉はプレッシャーになってしまうのです。

期待に応えようと頑張るからこそ、期待に応えられなかったときの、親や周囲の人の落胆した姿に心を痛める選手がいます。実際に「負けた後は家に帰りづらい」「どんなふうに報告したらいいか迷う」などという相談もあります。

期待することは大事です。子どもの可能性を信じ、期待し続ける姿勢は、叱り続けるよりもずっとよいことだと思います。

しかし、それだけではうまくいかないのです。

「期待している」という言葉で、親の夢を子どもに託してはいないでしょうか？もっと厳しい言い方をすれば、親の期待を無理に子どもに押し付けていないでしょうか？

本当に「子どものため」とは何かを考えたことがあるでしょうか？

子どもに言ってはいけない悲しい言葉

親子がうまくいくためには、互いに尊敬する関係がなければだめだ。そんなよい関係が生まれるためには、愛情は与えるものであり、尊敬は勝ち取るものだと理解することだ。

アール・ウッズ（タイガー・ウッズの父）

ＯＥＣＤ（経済協力開発機構）が世界１８６カ国の中学生に対して、「親を尊敬していますか?」というアンケートを実施しました。

その結果、平均して各国80％以上の人が「尊敬している」と答えたのに対して、日本はなんと25・２％という極端に低い数字だったというのです。

親は子どものためを思って行動しているのに、子どもからは尊敬されていない。これが日本の親子関係の実態なのです。

私が選手たちのコーチングをするここ数年でも、子どもから親へのリスペクトの気持ちが薄れてきているのを感じます。肝心な家族間での信頼関係が築けていないのです。

子どものために全力を注ぐ親御さんがいます。なかには、自分のことはすべて我慢して、子どもが生活のすべてになっている親御さんもいます。

そうした親御さんは子どもが思いどおりの結果にならないと怒りが込み上げてしまったりします。

ある高校生のアスリートは、競技の結果が出ないことを父親からなじられ、言い返して口論となった際にこう言われたと嘆いていました。

「お前のことを、だれが喰わしてやってると思っているんだ！」

親が子どもに言ってはいけない、じつに悲しい言葉です。

また別のある選手がこんな話をしてくれました。

「僕は父のオモチャです。父が言うことは絶対なのです。いくら反論しても、自分の意見は絶対に受け入れてもらえません。父を殺したいと思ったことも何度もありました。けど、できませんでした。だからオモチャのように生きていくしかないのです。こんな生活から抜けるためにも自分で稼いで早く自立したいと思っています。そのためには競技で結果を出すことが重要なのです」

この悲痛な叫びを聞いて、みなさんは何を感じますか？

まさか自分の子はこんなことを思っているはずはない。そう思うかもしれません。しかし、本当にそうでしょうか。

こういった事例は意外に多くあるのではないかと私は思っています。

親に殺意を抱かせるような、子どもへの教育、子どもへの愛情とはいったいなんなのでしょうか？

こうした事態を少しでも改善へと向かわせるためには、親御さん一人一人に子育てを振り返ってもらうことが必要だと感じ、本書を綴っています。

喜びは素直に表現していい

卓球の女子日本代表選手でもある石川佳純さんの母・久美さんの言葉です。

子供は親の所有物じゃありません。子供を授かってから、1人の人間として接しようと準備していました。娘が将来どんな人間になるかは、私の接し方次第だと思ったんです。

石川久美（石川佳純の母）

石川佳純さんの両親も実業団で活躍した卓球選手です。石川さんは6歳から卓球を始め、7歳から本格的に練習に取り組みました。練習場がなく、車で往復2時間かけて山口県防府市のスポーツセンターに通っていたそうです。家の建て替え時には自宅に卓球場を併設、練習時間を確保したといいます。

子どもの教育に時間もエネルギーも投下していくうちに、子どもの人生が自分のものであるかのように錯覚してしまう親御さんがいます。

久美さんはそのことを厳に戒めています。

愛情とは束縛することではなく、一人の人間として接することなのです。

ヒトの脳は発達過程において外部からの影響を大きく受けやすい時期があります。それが、胎児期、乳幼児期、思春期です。

この時期に大きなストレスを受けると、そのストレスに対して適応しようと脳が萎縮してしまうことがわかっています。それによって、脳の機能に大きな影響を与えます。その結果、キレやすくなったり、喜びや達成感を感じにくくなったりしてしまうのです。

「子どものため」を思ってやっている教育が、過度なプレッシャーやストレスになっていないでしょうか。

私がセミナーで出会った中に、「うちは決して甘やかさない、スパルタ教育なんです」と宣言したお父さんがいました。

「今よりももっと高い場所に行ってほしいから、現状に満足してほしくない。だから甘えさせず、褒めません」と言っていました。

子どもが成長していく過程において、褒められることはとても重要です。褒められる経験がない子どもは自己肯定感が低下することがさまざまな研究で明らかにされています。

自信がなかったり、鬱的な状態の子に接するたびに、「褒められた経験ってある？」と聞きます。すると、彼らはこのように答えることが多いのです。

「褒められた経験はありません」、さらには「一度でも自分を認めてしまったらダメになると思っている」。

一見するとストイックに思えます。しかし、私からすると「大丈夫かな」と心配になるケースです。

最先端の脳科学において虐待まがいな教育は成果をあげないことがわかってきています。現在では、虐待とは言わず「マルトリートメント」と呼ばれていますが、このマルトリートメントの中には、言葉による脅し、罵倒、無視、威嚇、さらには子どもの前での夫婦喧嘩も含まれます。

もし、「子どものため」の名のもとに、こうした行為が行なわれているのであれば、ただちにやめていただきたいと願います。

それはもはや教育ではなく、「子どものため」でもないのですから。

「生きている人がどう素直に生きていくか」のほうが大切だと思っています。

岩崎勝稔（岩崎恭子の父）

弱冠14歳でバルセロナオリピックに出場し、200メートル平泳ぎで金メダルを獲得した岩崎恭子さん。これは競泳史上世界最年少の記録です。また、そのときの「今まで生きてきた中で一番幸せです」という名台詞はあまりにも有名です。その後、20歳で現役引退、スポーツコメンテーターやタレントとしても活躍されました。

その父・勝稔さんは数多くの里子を引き取り、育ててきました。ご自身は白血病を経験されたことで、病いを通じて「生かされている」と強く感じられるようになったと著書に記しています。

勝稔さんの言葉には、親と子がどう生きるべきか、ということを考える上での重要なヒントがあるように思います。

オリンピックにも出場したある選手のケースです。年齢的にはベテランの域に差しかかっていて、リオオリンピックでメダルを獲りたいとメンタルコーチングを受けにきてくれました。

当時から負けん気がとても強く、特に他の選手に対する競争心は人一倍強い印象を持ちました。

コーチング後、彼はある試合で自己ベストを達成しました。メンタルコーチとしてはいかに選手のパフォーマンスを引き出し、結果につなげるかというのが仕事です。

彼からこの報告を受けて、本当に安堵したのを覚えています。

私はすぐに彼の健闘を讃えようとメールをしました。

彼から返ってきたのは「まだまだです！」という返答でした。その後のやりとりからも喜びの感情はまったく伝わってきません。自己ベストを出しても、彼は心の底から「まだまだ」と思っているようなのです。

彼のように謙遜の返事をする選手は多くいます。また、喜怒哀楽を押し殺したり、どんなシーンでも感情を表さないことが美徳というような風潮が日本のスポーツ界にはあります。

私はサポートする選手には、だれかから褒めてもらったときは、開口一番で「ありがとうございます」と言ってもらうようにしています。また喜びは全身で表現してもいいと伝えています。謙遜の言葉は、そのあとに添えたらいいと思うのです。

結果を出したときの感情を自分で認めてほしいのです。

嬉しいときは嬉しがるのが人間の素直な感情です。それが自分に素直に生きるということです。あえてそれを押し殺す必要はありません。

自分で自分を認められれば自己肯定感が上がります。**自己肯定感は、パフォーマンスを向上させるだけではなく、人生を前向きに生きていくことにもつながる**のです。

競争はだれとするべきなのか？

競争心を持たせることは大事ですが、友達や兄弟同士で比べたり、さらには親がそこに優劣をつけてはいけません。それよりも、子どもの中にある健全な競争心に火をつけてやれば、子どもは競争することを楽しんでやります。

本田竜一（本田真凜の父）

日本を代表する脳科学者であった松本元博士は、「人間の脳は競争を始めると勝つことに全力を使う宿命を持ち、独創的な活動を忘れる」と指摘しました。

またベストセラー『嫌われる勇気』により一躍有名になった心理学者のアルフレッド・アドラーは**「競争の中に人の幸せはない」**と語っています。

心理学者ノーマン・トリプレットによる、子どもたちにおける他人との競争の影響の調査があります。この調査では、50％の子どもは競争によってさらに頑張りパフォーマンスを上げ、25％はほぼ影響を受けず、残りの25％はパフォーマンスが低下したそうです。

適切な競争心を養うことはもちろん重要です。適切な競争があるからこそ生まれるモチベーションや喜び、感動があります。

しかし、**他人と比較し、他人に勝つことだけを目的にしてしまうのは誤り**です。競争によって生まれるメリットとデメリットをしっかりと理解していただきたいと思います。

本田真凜さんの父・竜一さんの著書には、息子の太一さんが近所の子どもからいじめを受けたエピソードが出てきます。

いじめをしていた子どもは家が近く、太一さんと同じ習いごとをしていたそうです。そして、その子の親は日頃から、何かにつけて彼と太一さんとをくらべ、「太一くんは年下なのにお前より勉強ができる」「年下の太一くんに勉強だけでなくスポーツでも負けてどうする」などと言われ続けたそうです。彼は太一さんが憎くなり、太一さんをいじめるようになったというのです。

これは過度な競争心が引き起こしたゆがみといえます。

また最近では、日本のボート競技においてある選手が自分の後輩をドーピングに落とし込み、日本代表の座を奪おうとした行為がニュースで話題になりました。これも過度な競争が原因の一つであると思われます。

私が主催するコーチングの資格講座では、セミナー最終日にドミノ倒しをやります。

その際には、4、5人のグループを2つ作り、2つのグループそれぞれにある課題を与えます。

Aグループには「ドミノの数でBグループに勝ってください！」と伝えます。

Bグループには「とにかく楽しんでやってください」と伝えます。

参加者の年齢はさまざまで、20歳から60歳のセミナー受講者がドミノ倒しに躍起になる姿は壮観です。

競争心を煽られたAグループは直線的なドミノを作ります。

これに対し、楽しむように言われたBグループは非常に独創的なドミノを作るようになります。あるときは文字の形にしたり、立体交差でドミノを積み上げるケースもありました。

競争心を煽られると陳腐なものができあがり、楽しくやると創造性が働いたものができました。

もちろん、これはあくまでひとつの事例にすぎません。それでも、過度な競争が人間心理にどのような影響を与えるかについて示唆を含むものだと思います。

単純に競争がいいとか悪いという話ではなく、適切なバランスがあるのです。

適切な競争であれば、「頑張ろう」「努力しよう」というモチベーションにもなるでしょう。何がなんでも競争に勝とうとすれば、独創性や創造性、楽しさが失われひずみが生まれてしまうかもしれません。

本書中で繰り返し述べてきましたが、競争をするのであれば、相手は過去の自分としてみてはいかがでしょう。

そういった視点を親御さんが持ってあげられれば、自然と子どもとの接し方は変化していくと思います。

イキイキした姿を子どもに見せていますか？

仕事という自分の世界を持っていれば、自分も楽しめる。それがあるから、子どもたちの世話も楽しめる。とってもいいことですよね。

遠藤ヤス子（遠藤保仁の母）

遠藤保仁さんはサッカー日本代表として活躍された名ミッドフィルダーです。3人兄弟の末っ子として、鹿児島で生まれました。

遠藤ヤス子さんの言葉で一番お伝えしたいことは、親御さんの自己実現についてです。

私がこの仕事を通じて多くのアスリートとその親御さんと接してみて感じたことがあります。親御さんにとっての自己実現が、無意識に子どもに託されていることです。

もちろん、競技でいい結果を残してもらいたいと思ったり、いい人生を送ってもらいたいと願うことは素晴らしいことです。親として当たり前のことといえるかもしれません。

しかし、ご自身の夢や目標をそのまま子どもに託してしまっている親御さんも多くいるのです。

それは親御さんの自己実現ではありません。わが子であっても他者を通じて得られたものは自己実現とは違います。

心理学者のA・H・マズローは自己実現についてこのように語っています。

「自分自身、最高に平穏であろうとするなら、音楽家は音楽をつくり、美術家は絵を描き、詩人は詩を書いていなければいけない。人は、自分がなりうるものにならなければいけない。人は、自分自身の本性に忠実でなければならない。このような

マズローの欲求5段階説

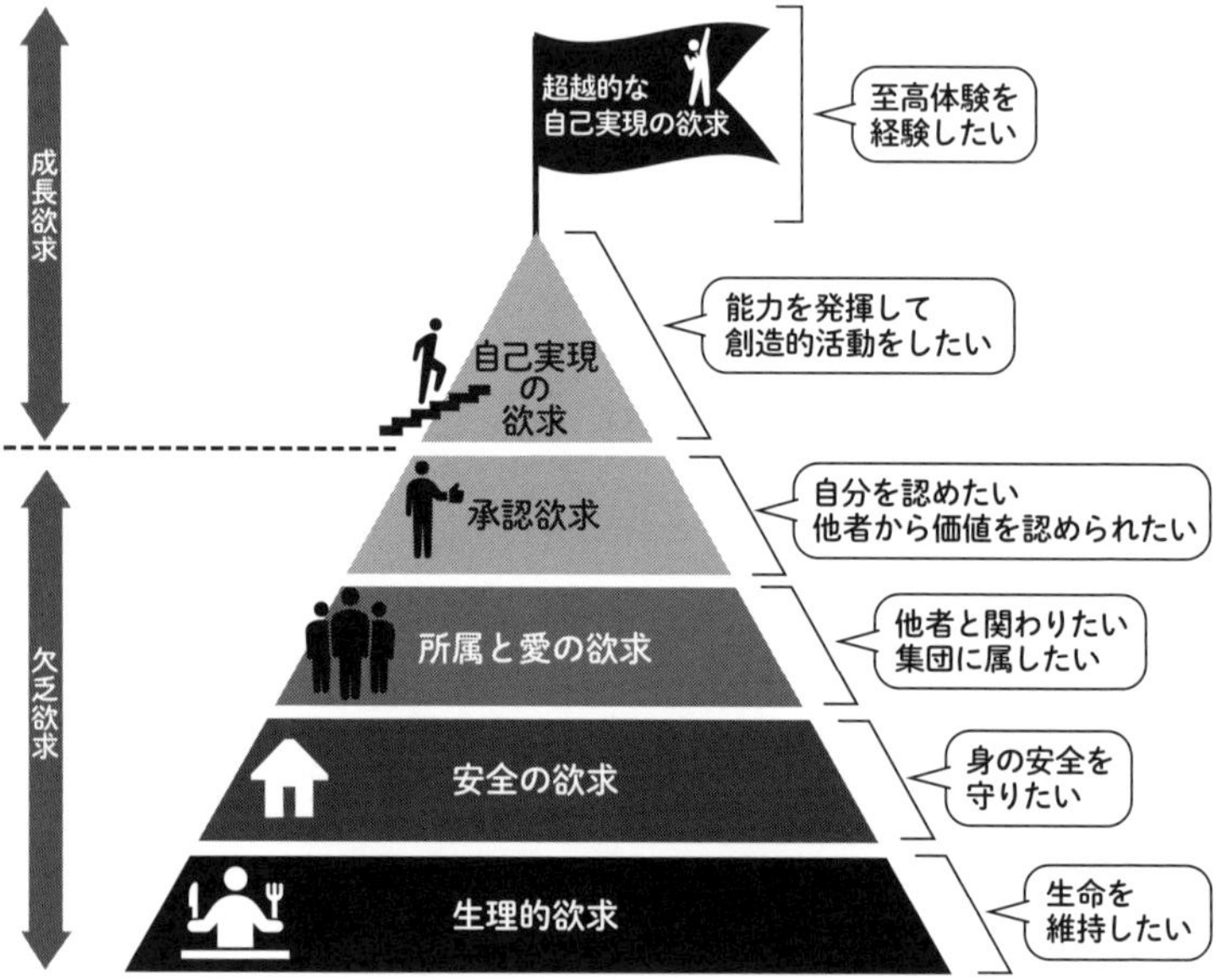

成長欲求
欠乏欲求
超越的な
自己実現の欲求
至高体験を
経験したい
自己実現
の
欲求
能力を発揮して
創造的活動をしたい
承認欲求
自分を認めたい
他者から価値を認められたい
所属と愛の欲求
他者と関わりたい
集団に属したい
安全の欲求
身の安全を
守りたい
生理的欲求
生命を
維持したい

欲求を、自己実現の欲求と呼ぶことができるであろう」（『人間性の心理学（改訂新版）』A・H・マズロー著、小口忠彦訳、産能大出版部）

マズローの言う「自己実現の欲求」について、知らず知らずにフタをしてしまっている人は多いのではないでしょうか。

結婚や子育てを理由に、自分自身の自己実現から目を背けてしまっている人は多いのではないでしょうか。

心理学には「モデリング」という言葉があります。これは他者の行動やその結果をモデル（手本）として観察することにより、観察者の行動に変化が生じる現象のことです。たとえば、子どもが、観ていたテレビアニメのキャラクターの真似をするのはモデリングの一種です。

子どもはなんらかのかたちで自分の親をモデリングします。

「はじめに」で書いたとおり、親御さんに会えばその子がどんな子なのかがわかるというのはまさにそういうことです。

あるプロスポーツチームでは、選手獲得の際、その親に会ってから最終判断を決定するという話を聞いたことがあります。プロチームにとって選手は商品であり、投資先でもあります。親を見ることで、その価値を見極めるということなのです。

私は、子どものためにも、親御さんには自分の人生を生き、その中で自己実現を果たし、輝いてほしいと思っています。

わが子を輝かせようと努力することは大事ですが、親御さん自身が輝けば、その輝きは子どもにも伝わるものです。

親の輝きが子どもに届けば、子どもにとって親は誇れる存在になります。それは子どもの自尊心を高めることにもなるはずです。

ぜひ自分のイキイキとした姿を一番身近にいる子どもに見せてあげてください。

今度は裕子がみんなに勇気や夢をあたえる番よ。

有森広子（有森裕子の母）

バルセロナオリンピック女子マラソンで銀メダルを獲得した有森裕子さん。しかし、その後の4年間は彼女にとってとてもつらい日々が待ち構えていました。

「帰国後、私はオリンピック前と何も変わらず、普通に過ごしていたのですが、急に『有森は天狗になっている』『女王様気取りだ』と周囲が騒ぎはじめました。以前と同じように話しても、そう言われてしまうんです。周囲はもとより、日本中の方々が銀メダルを喜んでくれていると思ったのに、関心は私の一挙手一投足に集まっていて、呼吸ができないほどの息苦しさを感じていきました。自分自身、『なんだか面倒臭い存在になってしまったんだな』と感じるようになっていったんです。それで心も身体も、ギクシャクし始めてしまったんですね。いろいろなことが上手くいかなくて、信じられないかもしれませんが、銀メダルを見るたびに泣いていました」（FRIDAYデジタル「小松成美が迫ったオリンピアンの栄光と苦悩」2020年1月14日）

有森さんは、自分がいったい何をしたいのかがわからなくなったそうです。

そんな有森さんに母・広子さんが言ったひと言です。

親として、子どもの結果に期待するのは当然かもしれません。

しかし、有森さんのケースのように、素晴らしい結果を残しても、心が満たされない人がいるのです。

結果を出すこと＝幸せになることではないのです。結果では満たされない〝心のコップ〟があるのです。

そんなときに子どもの〝心のコップ〟にアプローチできるのは親しかいません。

そんなわが子を目の前にして、親としてどんな道しるべを示すことができるのか？

これはとても大事なことであり、結果以上に大切なものがあることを知っている人でないと示せない道なのです。

結果以上に何を目指せばいいのか？

この問いについて、広子さんが示したのが、「周りの人を幸せにしていく姿勢」でした。

これは広子さんの答えであり、親が100人いれば100通りの答えがあるでしょう。これに正解も不正解もありません。大切なのは親が道しるべを示すことです。

そして、子どもが迷っているときにこそ、親御さんの人生経験を語ってほしいのです。特に失敗話を子どもに伝えてほしいと思います。

私たち人間は失敗から学びを得ます。親が積極的に失敗談を語ることで子どもは自分の親も失敗するのだと知るきっかけになります。親ですら完璧でないことも知ることができるでしょう。

失敗とともに、その失敗から何を学び、どんなことに気をつけて生きてきたのかを語ってください。

「子は親の鏡」という言葉があるとおり、子は親を見て育ちます。**親の生き方そのものが子どもにとっての道しるべ**になります。

親が見本を見せることで子どもの成長は加速していく。これも大切なモデリングです。

親御さん自身が親に与えてもらった愛情を今度は自分の子どもに還元してほしいのです。親御さんが子どもに夢や希望を与える番なのです。

自分の夢をあきらめずに追い求めていたら、いつしか3人の息子たちの夢を叶える道と重なっていました。

白井勝晃（白井健三の父）

男子史上最年少の17歳1カ月で世界選手権金メダルを獲得。その後のリオオリンピック体操団体でも金メダルを獲得した白井健三さん。床運動で初めて「後方伸身宙返り4回ひねり（シライ・グエン）」を成功させたことはギネス世界記録にもなりました。

白井さんは3人兄弟の末っ子で、小学校3年のとき、両親が設立した鶴見ジュニア体操クラブで本格的に体操競技に取り組み始めました。

このときの父・勝晃さんの夢とは、体操教室に通う生徒たちの練習環境を整えるというものでした。

勝晃さんは元々学校の指導者で、借金をしてまで自分の体操クラブを設立しました。

勝晃さんは指導者でもありましたが、わが子の指導自体は信頼できる別の指導者にまかせ、自身は体操クラブの経営をメインに考えたそうです。

それは自分自身の夢を追う決断だったはずです。

自分の夢を追いかけ続ける父親の姿を子どもたちは一番身近で見ていたのです。もしかすると、競技の指導を行なうよりも、生きる姿勢を見せることのほうが、子どもにとって大きなものを残せたのかもしれないと私は思っています。

白井さんの技に臨むときの思い切りのよい姿勢や、インタビューなどで垣間見せる物怖じしない態度からもそのことが見て取れるような気がするのです。

自分の人生の主役はいつも自分自身です。子どもが生まれても自分のやりたいことに真剣に立ち向かっていく姿勢が子どもにも好影響を与えていくのだと思います。

家族がエネルギーを生み出すとき

〝気合〟とは、気を合わせること。俺たち家族全員が気を合わせれば、果てしないエネルギーが生まれてくるんだ。

アニマル浜口（浜口京子の父）

レスリング日本代表としてアテネ、北京と2大会連続で銅メダルを獲得した浜口京子さん。彼女と同じくらい有名なのがお父さんであるアニマル浜口さんです。プロレスラーとして活躍後、後進育成のための道場も経営しています。

浜口さん一家を見ていて感じるのは、親の生き方が子どもに影響を与え、子どももまた親に影響を与えながら、結果的に家族が一つになっていることのすごさです。

意見が食い違うことは当然あるでしょうが、それでも家族全員が同じ方向を向いている印象を受けます。

数年前、親御さんから依頼され、テニスに取り組む中学生の娘さんのコーチングを請け負っていたことがありました。

彼女へのコーチングにおいて、話題になるのはほとんどお父さん、お母さんのことでした。

「お父さんもお母さんも、あれやれこれやれとめっちゃうるさい」

笑いながらそう愚痴ることの多かった彼女でしたが、ある言葉を聞いて、双方に信頼関係が築かれていることを感じました。

「うるさいときもあるけど、やっぱりお父さんとお母さんに感謝してるし、尊敬してる」

彼女のご両親は飲食店を経営しながら、週末にはお店でさまざまなイベントを開催して、地元で有名な存在になっているといいます。

親は親で自分の仕事に精一杯力を注ぎながら、子どものことを応援していて、子どもも親をうるさいと思いながらも感謝し、テニスに懸命に取り組んでいるのです。

彼女の話を聞きながら、家族がとてもよい関係性を築いていることを理解しました。

彼女の家族は、浜口さん親子と同じように全員が気を合わせて、果てしないエネルギーを生み出しているのです。


ただ幸運だったのは、よい息子に恵まれ、一緒にできる活動をみつけられたことだ。たとえその息子に障害があっても。信じられないような人生だった。

ディック・ホイト

この本を締めくくる最後の言葉になります。

ディック・ホイトさんには生まれながら脳性麻痺を患っている子どもがいました。

彼の名前はリック。

リック君は「全身麻痺になった子どものためにチャリティーマラソンに出場したい」と父・ディックさんに伝えます。

息子の願いをかなえようと父はトレーニングに励むようになります。

そして、ディックさんがリック君の車椅子を押し続けるかたちでチャリティーマラソンに参加。見事に完走を果たします。

その際、動かないはずのリック君の腕が動くのです。リック君の満面の笑みはディックさんの希望に変わります。

彼らの挑戦はさらに続きます。今度はトライアスロンでももっとも過酷なアイアンマンレースに出場。2人はなんと14時間をかけて226キロもの距離を完走してしまうのです。

今でもチャレンジは続いています。2人は1000回以上ものレースに出場し、リック君は名門のボストン大学にて世界で初めて全身麻痺の障害者として学位を取得するまでに至りました。

ディックさんはこう語ります。

「わたしには一人で走ろうという気は全くなく、リックも他の誰かと走ることは考えられないと言っていることだ。わたしたちはチームだ。わたしたちはまだレースを楽しんでいて、リックが『父さん、もう十分だよ』と言うまで走り続けるつもりだ。（略）わたしはヒーローなどではない。ただの父親で、ランニングシューズを履き、息子の車いすを押して走っただけだ」（『やればできるさ　Yes,You Can.』ディック・ホイト著、大沢章子訳、主婦の友社）

「子どものため」という行動に正解はありません。これは1章でもお伝えしたとおりです。

しかし、強いて言うのであれば、「親が自分の人生を輝いて生きること」、そして**「子どものためが自分のためになり、自分のためが子どものためになる生き方」**なのではないでしょうか。

この章でのワーク

❶あなたが本当に叶えたかったことはなんですか？

❷今からできる自分の夢を叶える一歩はなんですか？

解説

❶夢や、本当にやりたいことを思い出すことは、親である以前に一人の人間として、本当の自分を生きるチャンスにつながります。
「子どものために自分を犠牲に生きる親」を見て、子どもはどう思うでしょうか？ 子どもには輝いている姿を見せてあげてください。

❷子どもの夢も応援しながらも、自分の夢も追いかけるイキイキと輝く親の姿を子どもに見せてあげてください。
それこそが子どもに最高の刺激と成長を与えるはずです。自分の夢を叶えるための第一歩を歩み始めましょう。

おわりに――この世で一番大切なもの

本書の執筆中、ある選手のお母さんがこんなことを話してくれました。

「わが子を信じて見守る気持ちが持てる親御さんが増えてほしい」

この言葉を耳にして、これこそ私が親御さんに一番伝えたいメッセージだとあらためて気づかされました。

本書を締めるにあたり、ある「愛」の物語をご紹介します。

高校1年生のAさんは下校時に自動車事故に遭い、意識不明の重体に陥りました。右頭蓋骨が陥没し、右大脳半球の広範部（前頭、側頭、頭頂）が損傷するという大ケガです。

医師はAさんの家族に「植物人間となる可能性が高い」と説明しました。

Aさんの家族は悲しみに暮れるだけではありませんでした。

事故後、Aさんを集中治療室に入れたままにせず、毎日ベッドサイドに寄り添いながら、ずっと一緒にすごしたのです。そして、彼を励ますために言葉をかけながら左半身にマッサージを続けました。

1カ月半後、奇跡が起きます。

なんと彼は意識を回復させたのです。

その後もベッドサイドでマッサージを続ける家族に医師は「左半身はまず動かない」と説明します。

しかし、再び奇跡が起こるのです。

動かないと言われていた左半身が動き始めます。

その後、彼の左半身はほぼ正常に動くまでに回復。さらには大学にも進学し、ふつうの社会生活を送るまでになりました。

まさに彼の家族の愛情によって奇跡が起こされたのです。

このように〝奇跡〟と呼ばれるような出来事の背景には「愛」があるのではないのでしょうか？

お互いが進もうと思った方向性が完全に一致していたからこそ生まれた奇跡なのではないでしょうか。

スポーツ選手が活躍する背景にも、この見えない「愛」のチカラがあると私は感じています。

それは、ファンからの「愛」、仲間からの「愛」、さらには家族からの「愛」です。

われわれはスポーツを通じて、お互いの「愛」を確認しあっているのではないでしょうか。

その「愛」の強さが思いも寄らない奇跡や、素晴らしい結果を引き寄せるのです。

だからこそ、スポーツには「愛」があふれる世の中を創造する力があると思うのです。

思い返してみれば、私もスポーツメンタルコーチという仕事を通じて、多くの方からたくさんの愛をいただいてきました。

2011年3月に大学病院の精神科で「うつ病」という診断を受けてから、ここまで本当によくたどり着けたと思うことばかりです。

書籍も2017年刊の『一流をめざすメンタル術』以降、本作で6作目となりました。

自分一人の力では絶対にここまで自分を成長させることはできなかったと思います。みなさんからの「愛」によって、奇跡が起きていると思っています。本当にありがとうございます。

最後になりますが、私の仕事を心から理解してくれ、書き上げたばかりの原稿をいつもニコニコ読んでくれる妻に感謝の気持ちを捧げます。

2020年4月

鈴木颯人

出典一覧

P18　ウェブサイト「Live online ママの快適ライフ手帳」「アスリートを育てた母 Vol.1」
P23『杉山式スポーツ子育て』杉山芙沙子、WAVE 出版
P23『チャンスの波に乗りなさい』澤満葦子、徳間書店
P24『石川家の子育て』石川勝美、PHP 研究所
P27『大リーガー「新庄剛志」の育て方』新庄英敏、ゴマブックス
P29『努力は天才に勝る！』井上真吾、講談社現代新書
P35『天才を作る親たちのルール』吉井妙子、文藝春秋
P38『天才を作る親たちのルール』吉井妙子、文藝春秋
P39『己（おのれ）三兄弟をプロサッカー選手に導いた子育て論』高木豊、ベースボール・マガジン社
P42『子どもが夢を確実に叶える方法』伊藤美乃り、スターツ出版
P57『美宇は、みう。』平野真理子、健康ジャーナル社
P61『パパゴジラのまっとうな男の子の育て方』松井昌雄、主婦の友社
P76『心は、強くなる』長友りえ、ワニブックス
P86『天才は親が作る』吉井妙子、文春文庫
P87『はばたけ、佑樹』斎藤しづ子、小学館
P91『新庄のお父さん 新庄のお母さん』新庄剛志ウォッチャーズ編、主婦と生活社
P93『石川家の子育て』石川勝美、PHP 研究所
P103『魂の言葉』辰吉丈一郎、ベースボール・マガジン社
P105『ズバリ、一流のストライカーに育てる本』三浦由子、ベストセラーズ
P108『愛は天才じゃない』生島淳、三起商行
P122『いちばんすきなこと一直線』鈴木宣之、麗澤大学出版会
P126『チャンスの波に乗りなさい』澤満葦子、徳間書店
P133『泣かないで、沙保里』吉田幸代、小学館
P135『雑草魂の育て方』上原隆二、上原僚子、ゴマブックス
P139『雑草魂の育て方』上原隆二、上原僚子、ゴマブックス
P144『「自分を生んでくれた人」』内村周子、祥伝社
P152『トレーニング ア タイガー』アール・ウッズ、ピート・マクダニエルほか、小学館
P155『トレーニング ア タイガー』アール・ウッズ、ピート・マクダニエルほか、小学館
P158『天才を作る親たちのルール』吉井妙子、文藝春秋
P161『74 歳、今まで生きてきた中で一番幸せです！』岩崎勝稔、三五館
P164『本田家流子育てのヒント』本田竜一、プレジデント社
P168『「いじらない」育て方』元川悦子、日本放送出版協会
P172『母が語る有森裕子物語』有森広子、萌文社
P176『子どもに夢を叶えさせる方法』白井勝晃、廣済堂ファミリー新書
P178『娘とだって戦え！そして抱きしめろ！』アニマル浜口、宮崎俊哉、マガジンハウス
P180『やればできるさ　Yes,You Can.』ディック・ホイト、大沢章子訳、主婦の友社

【おもな参考文献】

『トラウマを乗り越えるためのガイド』リサ・ルイスほか著、神谷栄治訳、創元社
『「やればできる!」の研究』キャロル・S・ドゥエック著、今西康子訳、草思社
『才能の育て方』加藤俊徳著、小学館
『モチベーション3・0』ダニエル・ピンク著、大前研一訳、講談社+α文庫
『世界標準の子育て』船津徹著、ダイヤモンド社
『やり抜く力 GRIT(グリット)』アンジェラ・ダックワース著、神崎朗子訳、ダイヤモンド社
『逆境に立つ』伊集院静著、KADOKAWA
『学習意欲の理論』鹿毛雅治著、金子書房
『人間性の心理学(改定新版)』A・H・マズロー著、小口忠彦訳、産能大出版部
『完全なる人間(第2版)』アブラハム・H・マスロー著、上田吉一訳、誠信書房
『失敗図鑑』大野正人著、文響社
『子どもの脳を傷つける親たち』友田朋美著、NHK出版新書
『FACTFULNESS(ファクトフルネス)』ハンス・ロスリングほか著、上杉周作ほか訳、日経BP
『愛は脳を活性化する』松本元著、岩波科学ライブラリー
「プレジデントFamily2018夏」第13巻・第3号

＊ほかにも多数の書籍、新聞・雑誌記事、ウェブサイトなどを参考にさせていただきました。

鈴木颯人◉すずき・はやと
1983年、イギリス生まれの東京育ち。中学までは野球部のピッチャーとして活躍し、強豪校にスポーツ推薦で入学するものの結果を出せず挫折。そうした経験をもとに、脳と心の仕組みを学びながら、勝負所で力を発揮させるメソッドを構築する。野球、サッカー、水泳、柔道、サーフィン、競輪、卓球など、競技・プロアマ・有名無名を問わず、そのコーチングによってパフォーマンスを激変させるアスリートが続出中。自らのコーチングに活かすため、日々、一流アスリートたちの言動を研究。本書ではその親たちの言葉にスポットを当て、才能を伸ばす子育ての本質に迫る。一般社団法人日本スポーツメンタルコーチ協会代表理事。著書に『弱いメンタルに劇的に効くアスリートの言葉』など。
https://twitter.com/hayatosuzuki11

親が変われば、子どもが変わる

二〇二〇年　五月　一日　初版発行

著　者　鈴木颯人
発行者　中野長武
発行所　株式会社三《さん》五《ご》館《かん》シンシャ
〒101-0052
東京都千代田区神田小川町2-8　進盛ビル5F
電話　03-6674-8710
http://www.sangokan.com/
発　売　フォレスト出版株式会社
〒162-0824
東京都新宿区揚場町2-18　白宝ビル5F
電話　03-5229-5750
https://www.forestpub.co.jp/
印刷・製本　モリモト印刷株式会社

ISBN978-4-86680-909-0